TEMARI Like Jewelry &
Daily Accessories

宝石みたいな
てまりと
くらしの小物

寺島綾子

日本文芸社

小さなてまりを、宝石に見立てて

真珠、ダイアモンド、ルビー、珊瑚、サファイア……

まばゆい輝きで世界中の女性を魅了してきた宝石。

その一方で、古くから日本の女性たちに愛されてきたのが

繊細な手仕事で仕上げた刺繍です。

そんな美しい刺繍があしらわれた金沢の伝統工芸、「加賀てまり」。

この本では、指先ほどの小さなてまりの

絹糸が生み出すつややかな連続もようを

宝石に見立て、さまざまな小物に仕立てました。

色とりどりの絹糸でかがって

世界でひとつ

あなただけの宝石を毎日まとってみませんか。

宝石みたいなてまりと
くらしの小物

contents

はじめに……………… 2

Garnet 柘榴石 ざくろいし ……………… 6／52／54
Pearl 真珠 しんじゅ ……………… 8／56／57
Sapphire 蒼玉 そうぎょく ……………… 12／58
Ruby 紅玉 こうぎょく ……………… 14／61／63
Opal 蛋白石 たんぱくせき ……………… 15／65
Diamond 金剛石 こんごうせき ……………… 18／67／68
Coral 珊瑚 さんご ……………… 22／70
Aquamarine 藍玉 らんぎょく ……………… 24／72
Amber 琥珀 こはく ……………… 26／73
Peridot 橄欖石 かんらんせき ……………… 27／75
Emerald 翠玉 すいぎょく ……………… 30／77／79
Amethyst 紫水晶 むらさきすいしょう ……………… 32／80／82
Topaz 黄玉 おうぎょく ……………… 34／83
Lapis lazuli 青金石 せいきんせき ……………… 35／84

How to make

道具 ………………………………………… 40
材料 ………………………………………… 41
てまりづくりのきほん 1　土台まりをつくる ………… 42
てまりづくりのきほん 2　地割りをする ……………… 43
てまりづくりのきほん 3　8等分組み合わせ地割り …… 46
てまりづくりのきほん 4　10等分組み合わせ地割り … 47
てまりづくりのきほん 5　モチーフをかがる ………… 48

> 10等分組み合わせ地割り用
> 特製てまりメジャー
> & 直径1㎝円形型紙
>
> 本書で紹介する「10等分組み合わせ地割り」(⇒p.47)の印つけに便利な特製メジャーと、真珠Ⅱ(⇒p.57)、珊瑚(⇒p.70)、藍玉(⇒p.72)で使える直径1㎝の円形型紙を、カバーに掲載しています。メジャーの目盛りは使用するてまりの円周です。なお、「(円周×1/6)＋(円周×1/100)」で算出してもよいでしょう。

Bookmaker ゲーテの恋 ……………………… 7／85
Pendant 人魚の涙 …………………………… 9／85
Ring 双子の星 ……………………………… 10／86
Earring 月のしずく ………………………… 11／86
Jewelry box 冬の燕 ………………………… 13／87
Brooch 魔法の絨毯 ………………………… 16／88
Necklace プレイ・オブ・カラー …………… 17／88
Bracelet アントワネット …………………… 20／89
Ring 王妃の思い出 ………………………… 20／89
Obidome 乙姫のたからもの ………………… 23／90
Keyring 海賊のお守り ……………………… 25／90
Hairpin 名残の花 …………………………… 28／91
Ornamental hairpin 太陽と月 ……………… 29／92
Suncatcher 光の都 ………………………… 31／93
Button cover 小さな庭 ……………………… 33／94
Brooch 虹の万華鏡 ………………………… 36／95
Hatpin 魔女のラブレター …………………… 37／95
Ornament 手のひらのプラネタリウム ……… 38／95

Garnet
柘榴石
ざくろいし

How to make page I/52 II/54

燃えるような深紅から名づけられた1月の誕生石。「二ツ菊」と「菱つなぎ」というてまりでは基本のモチーフを、シックな赤糸でかがって。古くはお守りにされたという石の力を表現しました。

Bookmaker
ゲーテの恋

How to make
page
85

ゲーテが恋に落ちた年の差56歳の乙女。彼女が片時も離さず身につけていたのがガーネットだそう。文豪の色あせない恋心をイメージして、てまりのしおりを仕立てました。

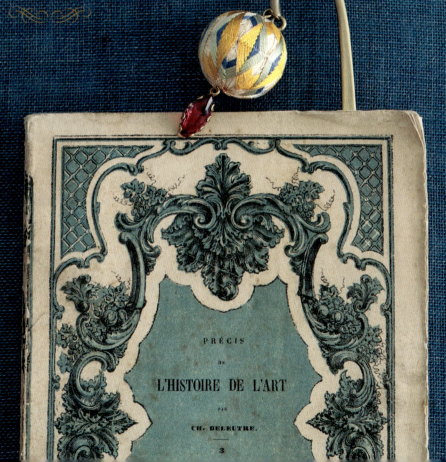

パステルカラーの菱が連なる「ねじり菱」と、幾重にも曲線が重なる繊細な「ポンポン菊」は、てまりで人気のモチーフです。どちらも、やわらかで気品のある、真珠独特の光沢を表現しています。

Pearl

真珠
しんじゅ

How to make page I/56 II/57

真珠は人魚の涙が貝に宿ってできた
という言い伝えから生まれた、上品
なネックレス。カジュアルにもよそ
いきにも合わせやすい、白×ブルー
の色合わせでまとめて。

Pendant

人魚の涙

How to make
page
85

Ring
双子の星

How to make
page
86

コロンとしたふたつの石が指先を彩ります。宮沢賢治の童話に登場する、双子のお星さまをイメージした指輪です。左のてまりは黒真珠に見立て、右は「翠玉Ⅰ」(⇒p.30)のモチーフを使ったアレンジです。

Earring
月のしずく

How to make page
86

「真珠は月の落とした光のしずく」。そんなロマンティックないわれから生まれたデザインのピアスです。金具を変えれば、イヤリングもOK。上品な色合いのてまりが耳元で揺れます。

Sapphire
蒼玉
そうぎょく

How to make page 58

9月の誕生石として有名な青い石。石の放つ輝きを、二重の花びらのモチーフで表現しました。ほぼ同じ図案を使い、左は上掛け千鳥かがり、右は下掛け千鳥かがりと技法を変えてかがっています。

Jewelry box
冬の燕

How to make
page
87

童話『幸福の王子』の風景をイメージして、王子の目に施されたサファイアと、それを不幸な人へと運ぶ燕をジュエリーボックスに。まりの上下をあえてかがらずに、左右に広がる燕の羽を描きました。

Ruby
紅玉
こうぎょく

How to make page I/61 II/63

カボション・カットに光の筋が生まれ、星が見えるというスタールビー。てまり伝統の「桜」と「つむ」のモチーフを、ルビーの6条の光に見立てました。7月の誕生石。

Opal
蛋白石
たんぱくせき

How to make　page　65

石のなかにさまざまな色が虹のように見え隠れする、オパール独特の輝きを、四角形と三角形の組み合わせから生まれる幾何学モチーフで表現しました。

Brooch

魔法の絨毯

How to make page
88

かつて世界最大のルビーを手にしていたのは、ペルシアの皇帝だったそう。彼の地に伝わる色鮮やかな織物・キリムの配色をてまりに取り入れて、ブローチに仕立てました。

石に含まれる水分が、光を分散して虹色の輝きを生むオパール。みずみずしさ、そしてデザイン性の高い幾何学モチーフから、北欧風のおとなのネックレスができあがりました。

Necklace

プレイ・オブ・カラー

How to make page
88

Diamond
金剛石
こんごうせき

How to make page I/67 II/68

ダイアモンドは無色透明だけでなく、実はさまざまな色がある石です。てまりの基本といわれる「二ツ菊」のモチーフを、灰色、ピンク、青……と7色の下掛け千鳥かがりで描きました。4月の誕生石。

もっとも硬く、もっとも純粋な成分でできた石といわれるダイアモンド。その硬質で強い輝きを、小さな花を全面に散りばめたモチーフで表現しました。抑えた配色もポイントです。

Bracelet
アントワネット
Left

How to make
page
89

Ring
王妃の思い出
Right

How to make
page
89

マリー・アントワネットが身につけたといわれる、世紀のブルーダイアモンド、ホープダイアモンドの装飾品をイメージしました。シルクリボンのブレスレットはチョーカーとしても使えます。

Coral

珊瑚
さんご

How to make page 70

紅白の配色を取り入れて、縁起物らしい珊瑚を表現しました。大きくあけたてまりの中央は、放射状に広がる金糸の松葉かがりで華やかさをプラスして。3月の誕生石。

Obidome

乙姫のたからもの

How to make
page
90

日本では古くから、宝飾品として帯留めやかんざしに仕立てられてきた珊瑚。半球状のてまりを帯留めに、同じく海から生まれた宝石のパールをあしらいました。

Aquamarine
藍玉
らんぎょく

How to make page 72

ラテン語の「海の水」を語源とするアクアマリン。海の透明感をイメージして、白からブルーのグラデーションでまとめています。てまりの細かな花びらもようが、さざ波のよう。

Keyring
海賊のお守り

How to make
page
90

海の力を秘めたアクアマリンは、古くはお守りとして海賊が身につけていたといいます。存在感抜群の10cmてまりに、マリンチャームをプラスしてお守りキーリングに！

Amber

琥珀
こはく

How to make page 73

太古の樹脂が数千年の時を経て化石になった琥珀。石のなかに見える独特の内包物を、てまりに巻いた帯や小さな2色の松葉かがりで表現しました。11月の誕生石とされることも。

Peridot

橄欖石
かんらんせき

How to make page 75

明るい黄緑色が美しい8月の誕生石。菱形のモチーフを、緑色のグラデーションで描き出しました。ペリドットと相性のよい金をふんだんにあしらっているのもポイント。

Hairpin
名残の花

How to make
page
91

琥珀の内包物が何千年も前の白い花だったら……。そんなイメージでデザインした、可憐なてまりのヘアピンです。松葉でとめた白い帯が、花びらのようにも見えます。

古代エジプトで太陽の石として崇められたペリドット。太陽が輝く砂漠をイメージして、エキゾチックな配色のてまりかんざしを仕立てました。左は、まりが揺れるデザイン。

Ornamental hairpin
太陽と月
....
How to make
page
92

Emerald

翠玉
すいぎょく

How to make page I/77 II/79

てまりの定番「ます」や「菱」の幾何学モチーフで、いくつもの小さな面を組み合わせ、宝石のカッティングを表現しました。色合わせはエメラルドらしい深い緑です。

「エメラルドの都」を目指すドロシーの物語『オズの魔法使い』。お話に登場する気球をイメージした、カラフルなサンキャッチャー。好みのクリスタルやビーズを合わせましょう。

Suncatcher

光の都

How to make page
93

Amethyst
紫水晶
むらさきすいしょう

How to make page Ⅰ/80 Ⅱ/82

アメシストの紫とシトリンの黄色が混ざったアメトリンをモダンな「薔薇」のモチーフで、ローマ教皇にも愛された紫水晶の気高さを、伝統モチーフ「清明桔梗」で表現しました。2月の誕生石。

Button cover

小さな庭

How to make
page
94

ふだんのボタンにとりつけると、装いのアクセントになるボタンカバー。半球状のてまりに、「紫水晶Ⅰ」のもようをひとつ抜き出してかがるだけ。金具を変えてブローチに仕立てても素敵です。

Topaz
黄玉
おうぎょく

How to make page 83

黄、青、ピンクなど、トパーズらしい豊富なカラーバリエーションをひとつのてまりに込めました。モチーフはフランス刺繍のサテン・ステッチで描いています。11月の誕生石。

Lapis lazuli

青金石

せいきんせき

How to make page 84

群青色は夜空、金色の斑点は星を意味するラピスラズリのモチーフです。星の色でポップにも、シックにもなります。上は、同じ12月の誕生石、ターコイズをイメージした配色。

Brooch
虹の万華鏡

How to make
page
95

世界一美しいトパーズは、ニューヨークの博物館にある約460カラットブルートパーズだそう。この水色の石をイメージして、大きな半球のブローチを仕立てました。ポップなドット柄でカジュアルに楽しめます。

世界でもっとも古くから、不思議な力があると信じられてきたラピスラズリ。占星術者も使っていたという石の力を込めたら、魔女に似合いそうなハットピンが生まれました。

Hatpin

魔女のラブレター

How to make
page
95

滋賀県の伝承工芸・びん細工手まりを、小さなてまりでチャレンジ！星がガラスドームのなかできらきらと輝きます。宝石みたいなてまりの美しさを永遠に閉じ込めて……。

Ornament

手のひらのプラネタリウム

制作のヒント
page
95

How to make

わたに糸を巻いてつくったまりに、多彩な糸を渡して、さまざまなモチーフを描くてまり。
一見複雑そうに見えるもようも、シンプルな手順のくり返しでできています。
基本のてまりはすべて円周 8cmサイズで紹介しています。

てまりづくりのきほん手順

1 土台まりをつくる ⇒ p.42

モチーフをかがる前の、1～2色の糸を巻いたまりが「土台まり」です。芯はわたを使用します。

2 地割りをする ⇒ p.43

モチーフをかがるための目印として、まりを均等に分割します。まち針で位置決めをして、そこに糸を渡しましょう。

3 モチーフをかがる ⇒ p.48

地割りの糸を所定の位置ですくいながら、順番に糸をかがります。本書では「上掛け千鳥かがり」「下掛け千鳥かがり」「松葉かがり」の3種類のかがりかたを紹介しています。

表と図の見方

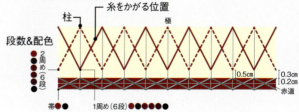

材料 & 配色表

花	● A 都羽根絹手ぬい糸 [34]		
	● B 都羽根絹手ぬい糸 [60]		
	● C 都羽根絹手ぬい糸 [100]		
	● D 都羽根絹手ぬい糸 [36]		
	● E 都羽根絹手ぬい糸 [38]		
	● F DMCライトエフェクト [E310]		
帯	● G オリヅル絹穴糸 [2]	赤道の上下に各3段	
	● H DMCライトエフェクト [E310]	千鳥かがり2周	
松葉	● I DMCライトエフェクト [E310]	片側5本	

モチーフに使用するかがり糸の種類と配色。○の色は下の図案の段数に対応しています。

まりの上下半分（または全体）を平面に展開して見せた図案。柱の数、糸をかがる位置、段数と配色を表しています。

Tools
道具

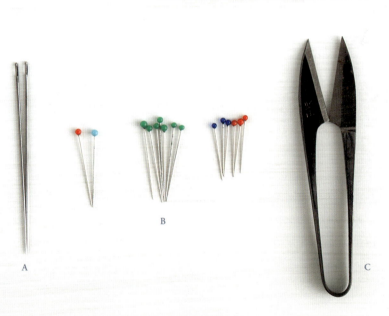

A	B	C	D
かがり用針	まち針	糸切りはさみ	メジャー
もようをかがるのに使う針。本書ではふとん針を使用していますが、太くて長めの針ならなんでもOK。通常は1本ですが、モチーフによっては、2〜3本同時に使います。	地割りや、モチーフをかがる際の目印に。3色程度用意し、うち1色は15本くらいあると安心。10等分の組み合わせ地割りでは5色、各2本あると便利です。また、短めのものが扱いやすくおすすめ。	糸の始末の際に使います。てまりが小さいので刃先が細いものがいいでしょう。	地割りをする際や、モチーフをかがる際の目印つけに使います。メジャーの端が0になっているものが測りやすいでしょう。手に入らない場合は端を切って使っても。

Materials
材料

絹糸はメーカーによって40m巻き／80m巻きなどがあり、色数を多くそろえたい場合は、リーズナブルな40m巻きがおすすめ。

A
わた

てまりの芯になる詰めもの。本書では布団わたを使っていますが、手芸わたなど手に入りやすいわたでかまいません。

B
地巻き糸&地割り糸

土台まりを巻く地巻き糸は、量が多く安価なロックミシン用の90〜100番糸。かがる目印になる地割り用の糸は、金または銀の40番糸（COUNTRY MAMA メタリックスレッド）がおすすめです。

C
かがり糸

モチーフをかがるための糸は、つややかで発色のよい「都羽根絹手ぬい糸9号」がおすすめ。金糸（フジックスメタリックミシン糸1号）は、華やかさをプラスしたいときに。雑貨では刺繍糸も使用しています。

D
帯用糸

上下にかがったモチーフの中央、てまりの赤道にあたる部分に巻く帯のための糸。本書では「にしきいと」や「オリヅル絹穴糸16号」を使用していますが、太めの手縫い糸ならかまいません。

41

てまりづくりのきほん 1
土台まりをつくる

材料
手芸わた
ロックミシン糸

わたをちぎる

① わたをちぎり、軽くつぶしてまとめる。円周8cmのてまりなら、手のひら程度の量が目安。

Point 球体がつくりにくい場合は、地巻き糸を巻く前に毛糸を巻くと形にしやすい。

NG 何度も同じ方向・場所に巻かない

糸を巻く

② わたを軽く球状にしたら、地巻き糸(ロックミシン糸)の端をわたにあててぐるぐると不規則に巻く。糸は机の上よりも足元に立てて置くと、転がらず糸も引きやすい。

③ 糸を巻きながら、こまめにメジャーで円周を測る。測る際は1か所だけでなく、角度を変えて何度も測るとよい。

同じ方向、同じ場所に続けて巻くと球状になりにくいうえ、1か所だけかたくなる。糸を巻く際は、片方の手でわたをゆっくり角度を変えて回しながら巻くのがコツ。

④ 寸法が足りない場合やへこんだ部分には、少しずつわたを足す。反対にわたが突き出た部分には、山をつぶすように糸をかける。

糸端を処理する

⑤ どこから測っても同じ円周になるよう、こまめに測る。

⑥ わたが見えなくなり、きれいな球体になったら完成！ 糸の端に針を通し、まりに刺したら、返し針(⇒p.48)をする。

⑦ 糸の端をまりのぎりぎりの位置で切る。まりに巻いた糸は、巻いてあるだけで安定していないためほどけやすい。扱いには注意。

てまりづくりのきほん 2
地割りをする

地割りとは

さまざまなモチーフをかがるための目印、ガイド線として、てまりを等分に分割する工程を「地割り」といいます。てまりを地球に見立てて目印をつけましょう。かがるモチーフに合わせて、かける柱の本数が変わります。ここでは基本の「8等分地割り」を紹介します。

8等分地割り

材料
土台まり　まち針　地割り糸

北極の位置を決める

① 北極の目印にするまち針の色を決め(本書では青)、土台まりの好きな場所に打つ。

南極の位置を決める

② 北極にメジャーの0をあて、円周の半分の位置(写真は円周8cmのため、4cmの位置)に、南極用のまち針(赤)を打つ。どの角度から測っても同じ寸法になるよう位置を微調整する。

赤道の位置を決める

③ 北極から南極まで再度メジャーをあて、半分の位置(写真は2cmの位置)に赤道用のまち針(黄)を打つ。反対側の円周の半分の位置にも打つ。

④ 手順③の2か所のまち針にメジャーを渡し、図案に合わせた分割になるよう寸法を測ってまち針(白)を打つ(8等分地割りの場合、円周8cmを8分割し1cmごとに6本)。

⑤ 南極から北極までメジャーをあて、南極と北極の中間にある赤道上(写真は2cmの位置)にまち針(黄・白)が並ぶよう、まち針(白)の位置を微調整する。

目印決定

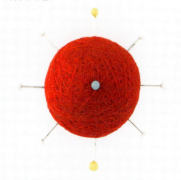

北極から刺しはじめる

⑥ 北極のまち針の根もとに針を入れ、適当なところから針を出す（写真では見やすいよう、別の糸を使用）。

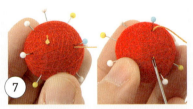

⑦ 手順⑥の位置で玉止めをする。玉止めの反対側から糸を引いて、玉止めをまりのなかに隠す。隠れない場合は、針の反対側を使って押し込む。糸は北極から出ている状態。

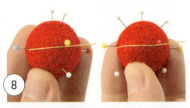

⑧ 北極を始点にまりを回転させながら、赤道のまち針（黄）→南極→反対側のまち針（黄）→北極の順に糸を渡して1周巻く。

柱をつくる

⑨ 北極を通り、そのまま手順⑧で糸を渡した赤道のまち針（黄）から1つ上のまち針❶へ糸を渡す。

⑩ まち針❶を通って1周巻いたら、北極を通り、まりを回転させ、まち針❷へ糸を渡して1周。同様にまち針❸にも糸を渡して1周巻く。

Point まりを回転させるときは、北極のまち針を軸にして糸をかけながら回す。

柱をかがりとめる

⑪ まち針❸から南極にきたら、糸の端に針を通し南極の糸の交差部分をまりごとすくって、かがりとめる。

Point まち針の根元に針を入れるようにすくう。

糸端を処理する

⑫ すべての柱がとまっているか確認し、南極のまち針を取る。そのまま糸を北極に渡す。

Point とめもらした柱があった場合、すべてとまるまでかがる。手順⑬の北極側も同様。

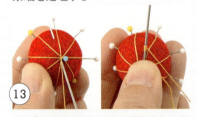

⑬ 手順⑪の要領で北極の糸の交差部分をかがりとめる。そのまま適当なところへ出し、玉止めをしたら、北極のまち針を取る。

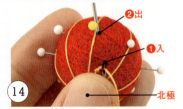

⑭ 玉止めした糸が出ている穴と同じ穴に針を入れ、赤道のまち針（黄）がある柱の右から針を出す。

赤道をつくる

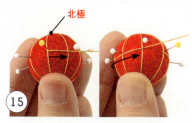

⑮ 糸を引き、玉止めを手順⑦の要領で隠す。北極側を上に持ち直したら、まりを回しながら、赤道のまち針に沿って、糸を1周する。

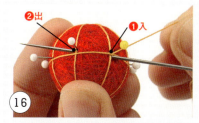

⑯ 始点のまち針（黄）まで戻ったら、まち針に糸をひっかけ、赤道と柱の交差部分の右下から針を入れ、隣の柱の交差部分の左上に出す。

赤道をかがりとめる

⑰ 柱と赤道の交差部分の右下から、隣の柱の交差部分の左上に出すのを1周くり返し、すべての柱と赤道をかがりとめる。とめたらまち針ははずす。

⑱ 始点のまち針（黄）まで戻る。赤道の始点と終点の高さがずれた場合は、かがり終える前に、始点の柱の左下から針を出すと高さがそろう。

⑲ 最後は、適当な位置で返し針をし、糸を切ってかがり終える（⇒p.48）。

できた！

地割りのバリエーション

6等分地割り

手順①〜③の要領で、赤道まで決めたら、赤道半周分をそれぞれ3分割してまち針を打つ。「紅玉Ⅱ」（⇒p.63）などをかがる際の地割り。

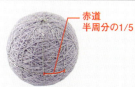

10等分地割り

手順①〜③の要領で、赤道まで決めたら、赤道半周分をそれぞれ5分割してまち針を打つ。「石榴石Ⅱ」（⇒p.54）などをかがる際の地割り。

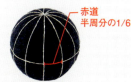

12等分地割り

手順①〜③の要領で、赤道まで決めたら、赤道半周分をそれぞれ6分割してまち針を打つ。「真珠Ⅰ」（⇒p.56）などをかがる際の地割り。

16等分地割り

手順①〜③の要領で、赤道まで決めたら、赤道半周分をそれぞれ8分割してまち針を打つ。「真珠Ⅱ」（⇒p.57）などをかがる際の地割り。

てまりづくりのきほん 3
8等分 組み合わせ地割り

材料
8等分地割りの土台まり
地割り糸

印をつける

① 8等分地割り(⇒p.43)を用意し、赤道と柱の交差点のひとつに北極❷のまち針(青)を打つ。反対側に、南極❷のまち針(赤)を打つ。

② 北極❷が手前になるように、まりを90°回転させる。8等分地割りの極(旧極)から、柱沿いに1cmの位置に柱❷のまち針(白)を4本打つ。

第2柱をつくる

③ 8等分地割り(⇒p.44手順⑥～⑦)と同じ要領で北極❷から糸を出し、柱❷のまち針の1つへ糸を渡す。そのまま南極❷→柱❷→北極❷まで戻り、北極❷のまち針に糸を引っかける。

④ 交差させた糸を、糸を渡していない柱❷のまち針の1つまで渡して半周し、南極❷で交差点をまりごとすくってかがりとめる。

柱をかがりとめる

⑤ 糸を渡していない柱❷のまち針を通り半周して、北極❷まで戻ったら、交差点でまりごとすくってとめる。1つめの組み合わせ地割りが完成(赤糸)。

新たに印をつける

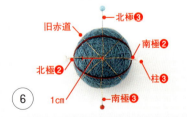

⑥ 北極❷から、旧赤道に沿って90°回転させた位置に、北極❸のまち針(青)を、反対側に南極❸のまち針(赤)を打つ。旧極から1cmの位置に、柱❸のまち針(白)を4本打つ。

第3柱をつくる

⑦ 手順③の要領で北極❸から糸を出し、柱❸のまち針の1つへ糸を渡す。

⑧ 手順③～⑤の要領で、2つめの組み合わせ地割りをかがる(ピンクの糸)。

46

てまりづくりのきほん 4
10等分 組み合わせ地割り

材料
10等分地割りの土台まり
地割り糸
＊印用にまち針を5色用意すると便利

印をつける

① 赤道の地割り糸なしの10等分地割り（⇒p.45）を用意。写真のように、それぞれの柱に同じ色が対角線上にくるようにして、赤道あたりに5色のまち針を計10本打つ。

② カバーの「10等分組み合わせ地割り用てまりメジャー」を、北極から赤道に向かってあてる。円周が8cmの場合、目盛りの「8」の位置にまち針（赤）を移す。

③ 手順②の要領で、柱1本おきにメジャーをあててまち針（黄・青・白・緑）を北極側に移す（写真左）。同じ要領で南極から測り、残りのまち針5本を南極側に移す（写真右）。

第2柱をつくる

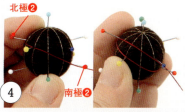

④ まち針（赤）を北極❷・南極❷とする。北極❷から糸を出し、まち針（黄）→南極❷→（黄）の順に糸を渡し、北極❷に糸を引っかける。次に（青）を通りながら1周する。

⑤ つづいて、まち針（白）→南極❷に渡す。南極❷の交差点でまりごとすくって、第2柱をとめる。

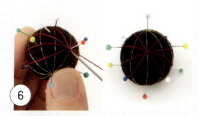

⑥ 北極❷まで戻り、交差点でまりごとすくって柱をとめる。計8本の第2柱が完成。北極❷・南極❷のまち針をはずす。

第3柱をつくる

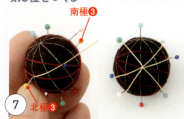

⑦ まち針（黄）を北極❸・南極❸とし、手順④〜⑥と同じ要領で、まち針（青・白・緑）の順に3周糸をかける。計6本の第3柱が完成。

第4柱、第5柱をつくる

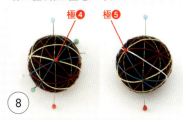

⑧ 第4柱はまち針（青）を極❹とし、手順④〜⑥と同じ要領で、（白・緑）の順に2周糸をかける。第5柱はまち針（白）を極❺とし、まち針（緑）を通って1周糸をかける。

てまりづくりのきほん 5
モチーフをかがる

糸の用意

モチーフを描くかがり糸は、絹糸も25番刺繡糸も基本的にすべて2本どり。140cm程度に切った糸を針に通したら、糸の端を2本まとめて玉結びする。

かがりはじめ

針の反対側でまりを刺し、穴をつくる。そこから針を入れてスタート位置に針を出す。糸を引いて玉結びをまりのなかに隠す。隠れない場合は、針の後ろで玉結びを押し込んで。

返し針（かがり終わり）

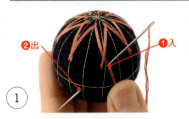

① 糸の色替えをする際など、かがり終わりの位置に針を入れ、そこから少し離れた位置から針を出す。

② 糸を引き出したら、出した位置に再度針を入れ、手順①で針を入れた方向に針を出す。3〜4回針をまりにくぐらせ、なかのわたに糸をからませる。

③ 糸をひっぱりながら、まりのぎりぎりの位置で糸を切る。かがり糸が途中で足りなくなった場合も同様の処理をして、新たな糸でかがりはじめるとよい。

かがりかたのコツ

① 次のかがり位置を針ですくったら、まりに沿わせながら糸を渡す。その際、糸がねじれたり、重なったりしていないか確認し、整える。

② 渡した糸がずれないよう、かがり位置と糸を親指で押さえながら、針と糸をていねいに引く。

1周かがり終えたら

1周かがってスタート位置に戻ったら、段を終える前に必ずはじめの糸の下を、針の穴側からくぐらせる。モチーフの糸の重なりを、すべて右が上になるようそろえる。

かがりかた① 上掛け千鳥かがり　きほんのかがりかた。多くのモチーフは上掛け千鳥かがりのくり返しで描いています。

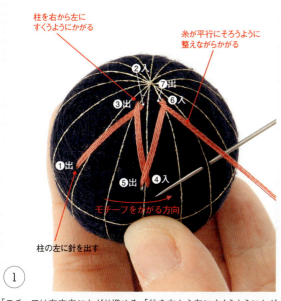

② 1段かがるごとに、針の後ろを使いかがった糸を整える。
Point 左側がかがったまま、右側は糸を整えた状態。ふっくらカーブさせるように形を整えて!

③ 2段めは1段めの外側に、前の段に沿わせるように糸を渡す。極側の柱をかがる際は、前の段の下、幅をやや広めにすくう。
Point 赤道側をかがる際、2段め以降は糸の幅分下をかがる。

① 「モチーフは右方向にかがり進める」「柱を右から左にすくうようにかがる」。この2つのルールを守れば、美しいモチーフが自然とでき上がる。糸を渡す際は、糸を球の形に沿わせるイメージで!

④ 以降も同様に、段数を重ねる。モチーフは内側から外側へと広げるようにする。

NG 針をななめに入れない

極側の柱をすくう際、針をまっすぐ入れないとモチーフが乱れる。

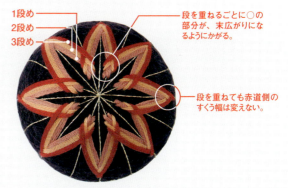

49

かがりかた② 下掛け千鳥かがり　前の段をめくり、すぐ下の柱をかがることで、モチーフを平面的に描き出す技法です。

前の段のかがり糸をめくり、すぐ下で柱をかがるイメージ

糸は上掛け千鳥かがりよりもきつめに、直線的に渡す。ゆったりめだと、糸をめくった際に渡した糸がゆるんでしまうため

3段め以降も2段めと同様に、前の段の糸のすぐ下をかがる。めくった糸が乱れたら、その都度糸を整えながらかがり進めるとよい。

① 1段めは上掛け千鳥かがり(⇒p.49)と同じ要領でかがる。2段めの極側をかがる際に、1段めの糸をめくるようにしながら、前段のすぐ下の位置をすくう。

NG 前の段の下をかがらない

前の段をめくらずにかがると、前の段との間にすき間ができてしまう。

各段で色を変えて、3段かがったところ。上掛け千鳥かがりが「外に増えていく」なら、下掛け千鳥かがりは「内に増えていく」かがりかた。

かがりかた③ 松葉かがり　花の中心の極やモチーフの間を埋めるのに使う技法。糸を渡す本数で印象が変わります。

① 糸を出したら、中心点を通り対角線に糸を渡す。針を入れたら、左隣に針を出す。これをくり返して放射状に糸を渡す。

② 最後の松葉をかがる前に、中心を土台まりといっしょにすくい1度糸をまとめる。再び針を進行方向に向け、返し針(⇒p.48)で刺し終える。

写真は片側6本の松葉。何本の松葉にするか最初に決めて、間隔が均等になるようにかがる。各柱の間をめやすにかがることが多い。

かがりかた④ 帯をかがる　上下にモチーフをかがった後、赤道の上を覆うように巻くのが帯です。

①
帯用の糸を1本どりで用意する。赤道側のモチーフのすぐ下から糸を出し、赤道と平行にぐるりと1周巻く。

②
上下のモチーフの間を埋めるように、赤道をはさんで同じ回数分糸を巻いたら（写真はそれぞれ3周、計6周）、返し針（⇒p.48）をしてかがり終える。

③
赤道の地割り糸をそっと引き出し、はさみで切って取り除く。その際、柱の地割り糸はそのまま残す。

④
かがり糸を用意し、帯の上・柱の左から糸を出す。柱の右から左にすくう千鳥かがり（⇒p.49）で、隣の柱を帯の下の位置でかがる。

⑤
1柱ごとに柱を帯の上下の位置で、じぐざぐとかがる。

⑥
右方向に1周かがり、スタート位置に戻ったら、かがりはじめの糸にくぐらせる。

⑦
まりを右に90°回転させて、帯に対し垂直に針を入れたら、反対側のモチーフと帯の間から針を出す。再度まりを右に90°回転させて、2周めのスタート位置にする。

⑧
手順④〜⑤の要領でクロスになるよう糸を1周かがる。

⑨
スタート位置に戻ったら、返し針（⇒p.48）をしてかがり終える。

Garnet
柘榴石 I
ざくろいし
Page6 左

てまりのもっとも基本になる「二ツ菊」という伝統的なモチーフ。上掛け千鳥かがりをくり返し、花びらもようを描きますが、地割りの柱の本数や、かがり糸の段数によっても大きく印象が変わります。

材料 & 配色表

花	● A	都羽根絹手ぬい糸 [34]	
	● B	都羽根絹手ぬい糸 [60]	
	● C	都羽根絹手ぬい糸 [100]	
	● D	都羽根絹手ぬい糸 [36]	
	● E	都羽根絹手ぬい糸 [38]	
	● F	DMC ライトエフェクト [E310]	
帯	● G	オリヅル絹穴糸 [2]	赤道の上下に各3段
	● H	DMC ライトエフェクト [E310]	千鳥かがり2周
松葉	● I	DMC ライトエフェクト [E310]	片側5本

土台まり

地巻き…黒
地割り…10等分
地割り糸…金

円周8cm

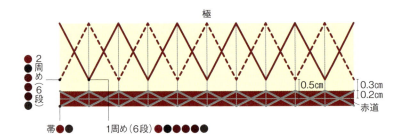

1周めの印をつける

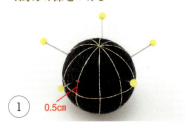

① 0.5cm

柱1本おきに、それぞれ赤道から0.5cmの位置でまち針を5本打つ。

1周めの1段めをかがる

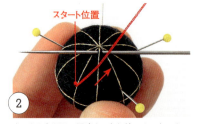

② スタート位置

糸Aを2本どりで用意し、まち針の1つをスタート位置にして、柱の左から針を出す。右隣の柱を、極ぎりぎりの位置ですくう。

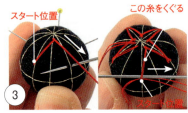

③ スタート位置　この糸をくぐる

右隣にある柱をまち針の位置ですくう。極側、まち針の順に上掛け千鳥かがり(⇒p.49)をくり返して1周したら、糸の重なりをそろえるため、かがりはじめの糸にくぐらせる。

52

2周めの1段めをかがる

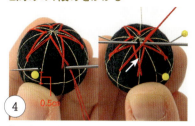

柱の右から針を入れ、1周めから1柱左にずらし、赤道から0.5cmの位置で針を出す。そこを2周めのスタート位置にする。

手順②、③の要領で1周めと同様に、2周めをかがる。2周めをかがり終えたら、適当な位置で返し針をし(⇒p.48)、糸を切る。

2段めをかがる

Point 極側では、段ごとに末広がりになるようにすくう。

赤道側のすくう幅は変えない。

糸Bを2本どりで用意し、糸Aのスタート位置の糸の幅分下から糸を出す。手順②〜⑤の要領で、1周め、2周めの2段をかがる。

3段めをかがる

糸Cを2本どりで用意し、手順②〜⑤の要領で、3段めをかがる。

4段めをかがる

糸Dを2本どりで用意し、手順②〜⑤の要領で、4段めをかがる。

5段めをかがる

糸Eを2本どりで用意し、手順②〜⑤の要領で、5段めをかがる。

6段めをかがる

糸Fを1本どりで用意し、手順②〜⑤の要領で、6段めをかがる。

松葉かがりをする

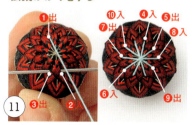

糸Iを1本どりで用意し(写真は見やすいよう別の糸を使用)、極の位置の柱と柱の間に片側5本、計10本の松葉かがり(⇒p.50)をする。

帯を巻く

まりの反対側も手順①〜⑪の要領で、同様にモチーフをかがる。糸Gを1本どりで用意し、帯を巻いたら、糸Hを1本どりにして千鳥かがりで2周かがる(⇒p.51)。

Garnet 柘榴石 II
ざくろいし

Page6 右

菱形を10個つなげてかがるモチーフです。偶数周は6段同じ色でかがるため、糸は長めに用意し、針を最後までつけたままにします。

材料＆配色表

菱	● A	都羽根絹手ぬい糸 [34]	
	● B	都羽根絹手ぬい糸 [39]	
	● C	都羽根絹手ぬい糸 [100]	
	● D	都羽根絹手ぬい糸 [38]	
松葉	● E	フジックスメタリックミシン糸 [901]	片側5本

土台まり

地巻き…赤
地割り…10等分
地割り糸…金

円周8cm

*奇数周は1周め、偶数周は2周めと同じ配色。

北極

かがる順 ❶

❷

赤道

❹ 0.4cm

1cm

1周め(6段) ❸

1cm

南極

10周め(6段) 8周め(6段) 6周め(6段) 4周め(6段) 2周め(6段) ●●●●●
 9周め(6段) 7周め(6段) 5周め(6段) 3周め(6段)

1周めの印をつける

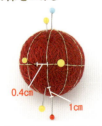

1

柱から0.4cmの位置に、赤道に沿ってまち針（黄）を2本打つ。柱に、北極と南極からそれぞれ1cmの位置にもまち針（黄）を2本打つ。

1周めの1段めをかがる

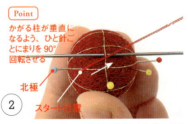

Point
かがる柱が垂直になるよう、ひと針ごとにまりを90°回転させる

北極
スタート位置

2

糸Aを用意し、まりを北極と南極が左右にくるように持つ。北極側のまち針（黄）をスタート位置とし、まち針の位置で赤道をすくう。

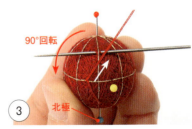

90°回転

北極

3

まりを左に90°回転させ、右隣にある柱を南極側のまち針（黄）の位置ですくう。柱をすくう際は必ず、右から針を入れること。

④ まりを左に90°回転させ、まち針（黄）の位置で赤道をすくう。

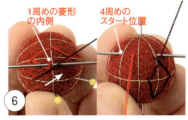

2周めの1段めをかがる

⑤ スタート位置に戻ったら、かがりはじめの糸にくぐらせる（⇒p.48）。柱の右から針を入れ、2柱左隣の柱の左に、北極から1cmの位置で出す。そこを3周めのスタート位置とする。

⑥ 糸Aはつけたまま糸Bを用意し、1周めの左隣の柱に、手順①～⑤の要領で2周めをかがる。2柱左隣の柱の左に針を出し、そこを4周めのスタート位置として、糸Bはつけたままにする。

3～9周めの1段めをかがる

⑦ 手順②～⑥をくり返し、菱3～9周めの1段めをかがる。9周めの糸は、1周めの2段めのスタート位置に出しておく。

10周めの1段めをかがる

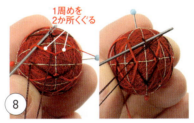

⑧ 10周めは菱の重なりをそろえるため、1周めの糸にくぐらせてかがる。スタート位置にもどったら、10周めのかがりはじめの糸にくぐらせる（⇒p.48）。

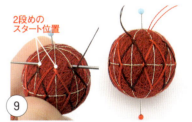

⑨ 10周めの糸は、2周めの2段めのスタート位置に出しておく。

1～10周めの2段めをかがる

⑩ 手順②～⑦の要領で、1～10周めの2段めをかがる。

⑪ 2段めも手順⑧の要領で、10周めの菱形は糸を3か所くぐらせる。糸Aは返し針をする。

Point 糸をくぐる際は、2段めの糸のみをすくう。3段め以降も同じ段の糸のみくぐる。

3～6段めをかがり、松葉かがりをする

⑫ 手順②～⑨の要領で、偶数周は糸Bのまま、奇数周は糸Cで3～4段め、糸Dで5～6段めをかがる。1本どりにした糸Eで両側の極に片側5本の松葉かがり（⇒p.50）をする。

Pearl
真珠Ⅰ
しんじゅ
Page8 左

材料 & 配色表

菱	● A	都羽根絹手ぬい糸 [96]
	○ B	都羽根絹手ぬい糸 [生成]
	● C	カントリーママ メタリックスレッド [807]
	● D	都羽根絹手ぬい糸 [6]
	● E	都羽根絹手ぬい糸 [13]

土台まり

地巻き…生成り
地割り…12等分
地割り糸…金

円周8cm

菱形を3つかがり、そこに糸をくぐらせて菱形3つを重ねます。10段分の糸にくぐらせるので、まりのカーブに気をつけて、針の後ろからていねいに通しましょう。

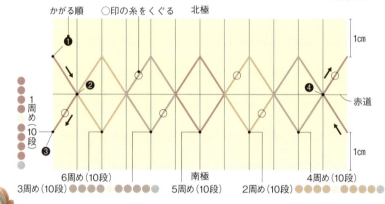

*4周めは3周め、5周めは1周め、6周めは2周めと同じ配色。

1〜3周めをかがる

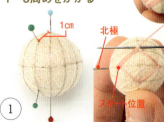

① 柱に、北極と南極からそれぞれ1cmの位置にもまち針を2本打つ。「柘榴石Ⅱ」(⇒p.54)の手順②〜⑤の要領で（赤道は隣の柱をすくう）、糸Aと糸Bで菱形を9段かがる。柱1本おきに糸Dと糸B、糸Eと糸Bで同様に9段かがり、糸C(1本どり)で1〜3周めの10段めをかがる。

4周めの1段めをかがる

② 糸Eを用意し、1・2周めの間の柱、北極側をスタート位置にし、4周めの菱をかがる。隣の柱へ糸を渡す際、菱にくぐらせてからすくう。つづいて元の柱の南極側をすくう。まりを90°ずつ回転させてかがるとよい。

4〜6周めをかがる

③ 反対隣の菱にくぐらせてから、隣の柱をすくう。スタート位置に戻る際かがりはじめの糸にくぐらせる。これをくり返し、糸E、糸B、糸Cで菱形を10段かがる。対角線上に同色の菱形を配して、5〜6周めをそれぞれ10段かがる。

Pearl
真珠 II
しんじゅ
Page 8 fi

柱を変えて上掛け千鳥かがりを4周重ねるモチーフです。花のかがり糸は2本どりが基本ですが、5段めの金糸のみ1本どりで用意します。

材料 & 配色表

花	● A	都羽根絹手ぬい糸 [130]	
	○ B	都羽根絹手ぬい糸 [1]	
	● C	都羽根絹手ぬい糸 [126]	
	● D	都羽根絹手ぬい糸 [207]	
	● E	フジックスメタリックミシン糸 [901]	
帯	○ F	オリヅル絹穴糸 [00]	赤道の上下に各3段
	● G	都羽根絹手ぬい糸 [207]	千鳥かがり2周
松葉	● H	フジックスメタリックミシン糸 [901]	片側8本

土台まり

地巻き…ピンク
地割り…16等分
地割り糸…金

円周8cm

1周めの1段めをかがる

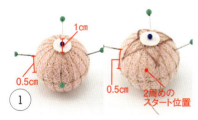

柱3本おきに、赤道から0.5cmの位置にまち針を4本打つ。カバーの直径1cmの円形型紙を用意し、紙の中央を極に合わせてまち針でとめる。糸Aを用意し、まち針の1つをスタート位置にして針を出したら、2柱右隣の柱を紙の縁の位置ですくう。これをくり返し1周めをかがる。

2〜4段めをかがる

1柱ずつ左にスタート位置をずらしながら、手順①の要領で2〜4周めをかがる。同様に糸Bで2段め、糸Cで3段め、糸Dで4段め、糸E(1本どり)で5段めをかがる。

帯を巻き、松葉かがりをする

まりの反対側も同様にモチーフをかがったら、糸F(1本どり)と糸Gで赤道上に帯を巻き(⇒p.51)、糸H(1本どり)で、上下の極に片側8本の松葉かがり(⇒p.50)をする。

57

Sapphire
蒼玉 I II
そうぎょく

Page12 I／左 II／右

材料 & 配色表
共通

花	● A	都羽根絹手ぬい糸 [214]	
花	● B	都羽根絹手ぬい糸 [213]	
花	● C	都羽根絹手ぬい糸 [25]	
帯	● D	にしきいと [23]	赤道の上下に各3段
帯	● E	都羽根絹手ぬい糸 [25]	千鳥かがり2周
松葉	● F	フジックスメタリックミシン糸 [902]	（蒼玉IIのみ）片側3本

土台まり
地巻き…紺
地割り…12等分
地割り糸…銀

円周8cm

蒼玉 I

6枚の花びらを二重に重ねたような華やかなモチーフです。上から見たときに均等になるようかがるのがコツ。極側は段を重ねるごとに少しずつ末広がりにすくいます。

蒼玉 II

Iと同じ分割、段数のモチーフですが、下掛け千鳥かがり（⇒p.50）の技法でかがっています。平面的に仕上がり、見た目の印象も大きく変わります。

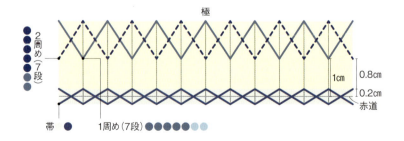

蒼玉 I

1周めの印をつける

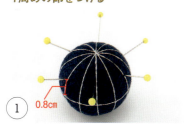

① 柱1本おきに、それぞれ赤道から0.8cmの位置でまち針を打つ。

1周めの1段めをかがる

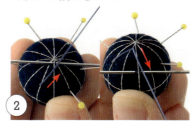

② 糸Aを用意し、まち針のうちの1つをスタート位置にして、柱の左から針を出したら、右隣の柱を極の位置ですくう。右隣の柱をまち針の位置ですくう。

1周めの2段めをかがる

③ 手順②の要領で1周したら、最後にかがりはじめの糸にくぐらせ（⇒p.48）、柱の右からななめ下向きに針を入れて糸の幅分下、柱の左から出し、そこを2段めのスタート位置とする。

④ 手順②～③の要領で、2段めをかがる

1周めの3～7段めをかがる

⑤ 手順②～③の要領で、3～5段め、糸Bで6～7段めをかがる。

Point 2周めをかがるスペースを確保するため、極側の糸をすくうときは、末広がりになりすぎないように注意する。

2周めの印をつける

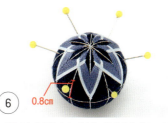

⑥ 1周めから1柱左にずらし、柱1本おきに、赤道から0.8cmの位置にまち針を6本打つ。

2周めをかがる

⑦ 糸Cを用意し、まち針のうちの1つをスタート位置にして、柱の左から針を出したら、右隣の柱を極の位置ですくう。

⑧ 手順②～⑤の要領で、糸Cで1～5段め、糸Aで6～7段めをかがる。

Point 1周めの花と同じ大きさ、形になるようにかがる。

帯を巻く

⑨ まりの反対側も同様にモチーフをかがる。糸Dを1本どりで用意し、赤道上に帯を巻いたら、糸Eを用意して千鳥かがりで2周かがる（⇒p.51）。

蒼玉 II

1周めの印をつける

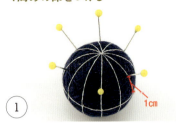

① 柱1本おきに、それぞれ赤道から1cmの位置にまち針を打つ。

1周めの1段めをかがる

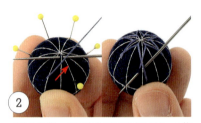

② 糸Aを用意し、まち針のうちの1つをスタート位置にして、柱の左から針を出したら、右隣の柱を極の位置ですくう。これをくり返し、1周したら、柱の右からななめ下向きに針を入れる。

1周めの2段めをかがる

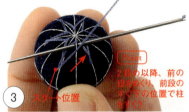

③ 糸の幅分下の柱の左から糸を出し、そこを2段めのスタート位置とする。右隣の柱を、1段めでかがったすぐ下の位置で、下掛け千鳥かがりでかがる(⇒p.50)。

※2段め以降、前の段をかがり、前段のマットの位置で柱をかがる

1周めの3～7段めをかがる

④ 手順②～③の要領で、2～5段め、糸Bで6～7段めをかがる。

2周めの印をつける

⑤ 1周めから1柱左にずらし、柱1本おきに、赤道から1cmの位置にまち針を5本打つ。

2周めの1段めをかがる

⑥ 糸Cを用意し、まち針のうちの1つをスタート位置にして、柱の左から針を出したら、右隣の柱を極の位置ですくう。右隣の柱をまち針の位置ですくう。

2周めの2段めをかがる

⑦ 手順③の要領で、2段めを下掛け千鳥かがりでかがる。

2周めの3～7段めをかがる

⑧ 手順⑥～⑦の要領で2～5段め、糸Aで6～7段めをかがる。

帯を巻き、松葉かがりをする

⑨ まりの反対側も同様にモチーフをかがったら、糸D(1本どり)と糸Eで赤道上に帯を巻き(⇒p.51)、糸F(1本どり)で上下の極に片側3本の松葉かがり(⇒p.50)をする。

Ruby 紅玉 I
こうぎょく

Page 14 左

半球ずつモチーフを仕上げるのではなく、南極側と北極側の交互に、小さな花と大きな花のような形を重ねていきます。てまり伝統の「さくら」モチーフです。

材料 & 配色表

花		
	● A 都羽根絹手ぬい糸	[220]
	● B 都羽根絹手ぬい糸	[165]
	● C 都羽根絹手ぬい糸	[148]
	● D 都羽根絹手ぬい糸	[205]

土台まり

地巻き…濃いピンク
地割り…12等分
地割り糸…金

円周8cm

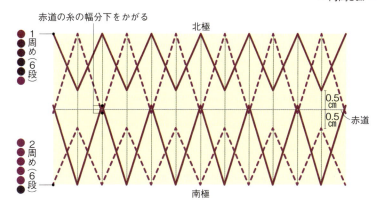

1周めの印をつける

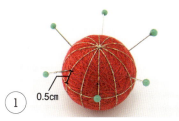

① 柱1本おきに、それぞれ赤道から0.5cmの位置でまち針を6本打つ。

1周めの1段めをかがる

② 糸Aを用意し(写真では見やすいよう別の糸を使用)、まち針のうちの1つをスタート位置にして、柱の左から針を出したら、右隣の柱を極の位置ですくう。右隣の柱をまち針の位置ですくう。

③ 手順②の要領で、1周したら最後にかがりはじめの糸にくぐらせ(⇒p.48)、柱の右からななめ下向きに針を入れ、左隣の柱の右、赤道から糸の幅分上に出す。

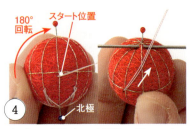

④ まりを180°回転させ、南極側の1周めのスタート位置とし、右隣の柱を極の位置ですくう。

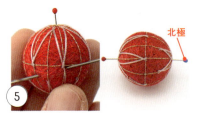

⑤ 赤道から糸の幅分下の位置→極の位置と交互にかがりながら1周する。最後にかがりはじめの糸にくぐらせ、返し針をする（⇒p.48）。

2周めの印をつける

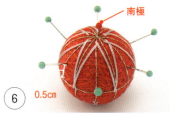

⑥ 南極側を上にする。1周めから1柱左にずらし、柱1本おきに、赤道から0.5cmの位置にまち針を6本打つ。

2周めの1段めをかがる

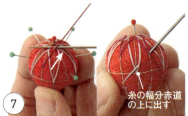

⑦ 糸Bを用意し、まち針のうちの1つをスタート位置にして、柱の左から針を出す。手順②〜③の要領で南極側の2周めをかがる。

⑧ まりを180°回転させ、北極側の2周めのスタート位置とし、右隣の柱を極の位置ですくう。さらに右隣の柱を赤道から糸の幅分下の位置ですくう。

⑨ 1周したら最後にかがりはじめの糸にくぐらせ、柱の右からななめ下向きに針を入れ、左隣の柱の右、南極側の2周めの糸の幅分上に出す。糸Bはつけたままにしておく。

1周めの2段めをかがる

⑩ 糸Cを用意し（写真では見やすいよう別の糸を使用）、手順②〜③の要領で、北極側の1周めの2段をかがる。

⑪ 手順④〜⑤の要領で、南極側の1周めの2段をかがる。糸Cはつけたままにしておく。

2周めの2段め、3〜6段めをかがる

⑫ 手順⑦〜⑨の要領で、2周めの2段めをかがる。1、2周めを交互に、1周めは手順②〜⑤の要領で、糸Cで3段め、糸Dで4〜5段め、糸Bで6段めを、2周めは手順⑦〜⑨の要領で、糸Bのまま3〜5段め、糸Dで6段めをかがる。

Ruby
紅玉 II
こうぎょく

Page14 右

織り機で使う糸巻きに似ていることから名づけられた「つむ」。このつむを3つ重ねるモチーフです。1度に渡す距離が長いため、糸がくずれやすいのが難点。前の段や、まりのカーブに沿わせて糸を渡します。

材料 & 配色表

花	● A	都羽根絹手ぬい糸 [148]	
	● B	都羽根絹手ぬい糸 [165]	
	● C	都羽根絹手ぬい糸 [164]	
	● D	都羽根絹手ぬい糸 [54]	
	● E	フジックスメタリックミシン糸 [902]	
帯	● F	にしきいと [10]	赤道の上に3段
	● G	都羽根絹手ぬい糸 [148]	千鳥かがり2周
	● H	フジックスメタリックミシン糸 [902]	千鳥かがり2周×2

土台まり

地巻き…濃いピンク
地割り…6等分
地割り糸…金

円周8cm

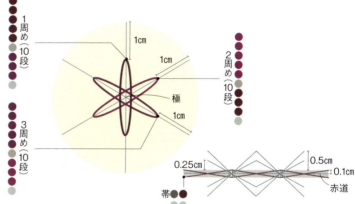

1～3周めの印をつける

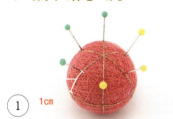

① 1cm

柱に、赤道から1cmの位置にまち針を6本打つ。その際、まち針は2色用意して、写真のように配置する。

1周めの1段めをかがる

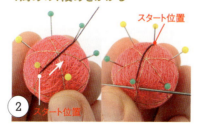

② スタート位置

糸Aを用意し、まち針(黄)1つをスタート位置にして、柱の左から針を出す。対角線上のまち針(緑)に向かって糸を渡す。まち針から糸の幅分下の位置ですくう。

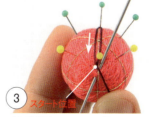

③ スタート位置

まち針(緑)からスタート位置に戻り、柱の右からななめ下向きに針を入れて、左から出す。糸Aはつけたままにしておく。

Point 糸がもたつくため、段を重ねる際は必ず糸の幅分下の位置から出す。

2周めの1段めをかがる

④
糸Bを用意し、右隣の柱のまち針（黄）をスタート位置にして、手順②〜③の要領で2周めの1段めをかがる。

3周めの1段めをかがる

⑤
糸Cを用意し、残りのまち針（黄）をスタート位置にして、手順②〜③の要領で3周めの1段めをかがる。

2〜6段めをかがる

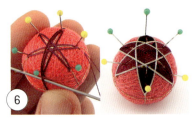

⑥
1周めに戻り、手順②〜⑤をくり返して、1〜3周めの2〜5段めを順番にかがる。糸Dを用意し、同様に1〜3周めの6段めをかがる。

7〜10段めをかがる

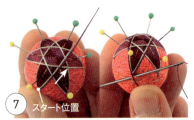

⑦
糸Cを用意し、1周めの糸Dのまわりに7段めをかがる。糸Cはつけたままにしておく。

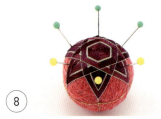

⑧
手順②〜⑥の要領で、1周めは糸C、2周めは糸A、3周めは糸Bで7〜9段目を順番にかがる。糸Eを1本どりで用意し、同様に1〜3周めの10段めをかがる。

帯を巻く

⑨
まりの反対側も同様にモチーフをかがる。糸Fを1本どりで用意し、赤道上に帯を巻いたら、糸Gを用意して千鳥かがりで2周かがる（⇒p.51）。

⑩
糸Hを1本どりで用意し、モチーフのスペースの中間、帯から0.5cmをスタート位置にして糸を出す。帯の千鳥かがりの要領で、2周千鳥かがりをする（⇒p.51）。

⑪
2周したら、帯と手順⑩のスタート位置の中間から針を出す。右隣の帯の下のスペースをかがる。

⑫
帯の千鳥かがりの要領で、2周千鳥かがりをする（⇒p.51）。

Opal
蛋白石
たんぱくせき

Page 15

材料＆配色表

四角	A	都羽根絹手ぬい糸 [214]
	B	都羽根絹手ぬい糸 [142]
	C	都羽根絹手ぬい糸 [147]
三角	D	都羽根絹手ぬい糸 [213]
	E	都羽根絹手ぬい糸 [1]

土台まり

地巻き…白
地割り…8等分の
　　　　組み合わせ
地割り糸…銀

円周8cm

6個の四角形と4個の三角形からできている、モダンな幾何学もよう。三角形は四角形の糸にくぐらせながらかがりましょう。地割りを均等に行うことが、美しく仕上げるひけつ。

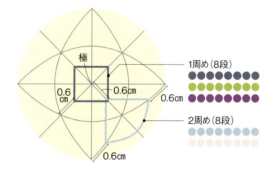

1周め（8段）
2周め（8段）

1周めの印をつける

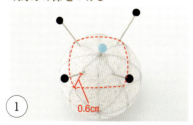

①

0.6cm

写真のような、地割りの四角形部分の角を通る長い柱に、四角形から0.6cm内側の位置にまち針を4本打つ。

1周めの1段めをかがる

スタート位置

②

糸Aを用意し、まち針のうち1つをスタート位置にして、柱の左から針を出す。まりを回転させ、右隣のまち針の位置で柱を右側からすくう。

スタート位置

③

まりを回転させ、右隣のまち針の位置ですくう。

Point 次にすくう位置がつねに手前にくるよう、まりを回転させながら行うとスムーズ。

④

スタート位置まで戻ったら、最後にかがりはじめの糸にくぐらせる（⇒p.48）。

1周めの2〜8段めをかがる

⑤

柱の右からななめ下向きに針を入れて、糸の幅分下の左から出したら、手順②〜④の要領で2〜8段をかがる。8段めがちょうど手順①の四角形のところまでくるとよい。

1周めの四角形を5つかがる

⑥

手順①〜⑤の要領で、糸Aでひとつ、糸Bと糸Cでそれぞれふたつ、残り5つの四角形をかがる。その際、反対側に同じ色の四角形がくるよう配置する。

2周めの1段めをかがる

⑦

糸Dを用意し、1周めの四角形の角をスタート位置にして、柱の左側から糸を出す。

⑧

右隣の四角形に針の後ろからくぐらせ、まりを回転させながら右隣の四角形の角の位置で、柱を右からすくう。

⑨

まりを回転させながら手順⑧の要領で、さらに右隣の四角形の角の位置で、柱を右からすくう。

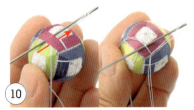

⑩

手順⑧の要領で、スタート位置に戻ったら、最後にかがりはじめの糸にくぐらせる（⇒p.48）。

2周めの2〜8段めをかがる

⑪

手順⑧〜⑪をくり返し、2〜8段めをかがる。

2周めの三角形を3つかがる

⑫

手順⑧〜⑪の要領で、糸Dでひとつ、糸Eでふたつ、残り3つの三角形をかがる。その際、反対側に同じ色の三角形がくるよう配置する。

Diamond
金剛石 I
こんごうせき

Page 18

伝統の「二ツ菊」のモチーフを、下掛け千鳥かがり（⇒p.50）で。下掛け千鳥かがりの際は、前の段のかがり糸をめくりながら、すぐ下の位置をすくうと美しく仕上がります。また、3・6段めをかがる際、1周めと2周めで糸を変えて、差し色を加えています。

材料 & 配色表

花	● A 都羽根絹手ぬい糸	[15]	
	● B 都羽根絹手ぬい糸	[104]	
	● C 都羽根絹手ぬい糸	[214]	
	● D 都羽根絹手ぬい糸	[126]	
	○ E 都羽根絹手ぬい糸	[生成]	
	● F 都羽根絹手ぬい糸	[134]	
	● G 都羽根絹手ぬい糸	[8]	
	● H 都羽根絹手ぬい糸	[215]	
	○ I 都羽根絹手ぬい糸	[白]	
帯	● J にしきいと	[2]	赤道の上下に各3段
	○ K 都羽根絹手ぬい糸	[白]	千鳥かがり2周

土台まり

地巻き…グレー
地割り…10等分
地割り糸…銀

円周8cm

1段めをかがる

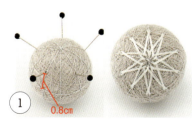

① 柱1本おきに、赤道から0.8cmの位置にまち針を5本打つ。糸Aを用意し、まち針の1つをスタート位置にして針を出したら、「柘榴石I」（⇒p.52）手順②〜⑤の要領で、1〜2周めの1段めをかがる。

2段めをかがる

② 糸Bを用意し、同様に2段めをかがる。ただし極側の柱をかがる際は、1段めでかがったすぐ下の位置で、下掛け千鳥かがりでかがる（⇒p.50）。

3〜7段めをかがり、帯を巻く

③ 手順②の要領で、糸Cと糸Dで3段め、糸Eで4段め、糸Fで5段め、糸Gと糸Hで6段め、糸Iで7段めをかがる。まりの反対側も同様にモチーフをかがったら、糸JとK（ともに1本どり）で、赤道上に帯を巻く（⇒p.51）。

Diamond
金剛石 II
こんごうせき

Page 19

10等分の組み合わせ地割りでできた五角形のなかに、5枚の花びらの小花の形を描き、まり全体に計12個ちりばめます。なおBの配色は、小花を糸Aで3段、糸B（1本どり）で1段にします。

材料＆配色表

A 写真上

花	● A 都羽根絹手ぬい糸 [108]	
	● B 都羽根絹手ぬい糸 [126]	
	● C 都羽根絹手ぬい糸 [15]	
	● D フジックスメタリックミシン糸 [902]	
松葉	● E フジックスメタリックミシン糸 [902]	片側3本

B 写真下

花	● A 都羽根絹手ぬい糸 [白]	
	● B フジックスメタリックミシン糸 [902]	
松葉	● C フジックスメタリックミシン糸 [902]	片側3本

＊2〜12周めは1周めと同じ配色。

土台まり

地巻き…A：濃グレー
　　　　B：白
地割り…10等分の
　　　　組み合わせ
地割り糸…銀

A

円周8cm

松葉
A ●
B ●

極

1周め（4段）
A ●●●●
B ●●●●

短い柱の糸の幅分下をかがる

花の中心を決める

北極
柱a

1 写真のような五角形部分の中心を小花の中心点とする。中心点に集まる柱のうち、五角形の辺の中央を通る5本を柱aとする。

1周めの1段めをかがる

スタート位置

Point
次にすくう位置がつねに手前にくるよう、まりを回転させながらかがる

2 糸Aを用意し、柱aの1つをスタート位置にして、五角形の外側の糸の幅分下の位置で、柱aの左から針を出す。まりを回転させ、右隣の柱を中心の位置で右からすくう。

スタート位置

3 手順②の要領で、中心点の位置→柱aの五角形の糸の幅分外側の位置と、交互に1周かがる。スタート位置に戻ったら、最後にかがりはじめの糸にくぐらせる（⇒p.48）。

2周めの1段めをかがる

④ 柱の右から上に向けて針を入れ、写真の五角形の外側の糸の幅分上の位置で、柱aの右から針を出す。ここを2周めのスタート位置とする。

⑤ まりを回転させ、手順②～③の要領で、2周めの1段をかがる。

3周めの1段めをかがる

⑥ 柱の右から針を入れ、写真の五角形の外側の糸の幅分下の位置で、柱aの左から針を出す。ここを3周めのスタート位置とする。

3～6周めの1段めをかがる

⑦ 手順②～③の要領で、反時計回りに3～6周めの1段をかがる。

7～12周めの1段めをかがる

⑧ まりの反対側も手順①～⑦の要領で、7～12周めの1段をかがる。

2段めをかがる

⑨ 糸Bを用意し、1周めの1段のスタート位置の、糸の幅分下から糸を出して、2段めのスタート位置とする。

⑩ 手順②～⑧の要領で、2段をかがる。

3段めをかがる

⑪ 糸Cを用意し、手順②～⑧の要領で、3段めをかがる。糸Dを1本どりで用意し、手順②～⑧の要領で、4段めをかがる。

4段めをかがり松葉かがりをする

⑫ 糸Eを1本どりで用意し、モチーフの間のスペースを埋めるように、片側3本の松葉かがり（⇒p.50）をする。

Coral
珊瑚
さんご

Page 22

材料＆配色表

花	A 都羽根絹手ぬい糸 [102]		
	B 都羽根絹手ぬい糸 [1]		
	C 都羽根絹手ぬい糸 [14]		
	D 都羽根絹手ぬい糸 [82]		
	E 都羽根絹手ぬい糸 [34]		
帯	F にしきいと [18]	赤道の上下に各3段
	G 都羽根絹手ぬい糸 [1]	千鳥かがり2周
松葉	H フジックスメタリックミシン糸 [901]	片側12本

土台まり

地巻き…サーモンピンク
地割り…8等分
地割り糸…金

円周8cm

花びらをななめに重ねたように見えるデザイン。2本の柱の間を、高さを変えて3回すくうことでモチーフを描きます。一見複雑ですが、針の動きさえ理解すればかがりやすいモチーフです。

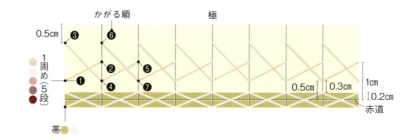

印をつける

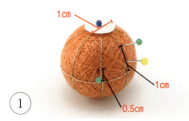

1 柱に、赤道から0.5cmの位置でまち針を2本打ち、右の柱に赤道から1cmの位置でまち針を打つ。カバーの直径1cmの円形型紙を用意し、紙の中央を極に合わせてまち針でとめる。

1段めをかがる

2 糸Aを用意し、左のまち針をスタート位置にして、柱の左から針を出す。右隣の柱の、赤道から1cmのまち針の位置で、柱の右から針を入れ、左隣の柱の左から紙の縁の位置で針を出す。

3 右隣の柱を、赤道から0.5cmのまち針の位置ですくう。

④ 右隣の柱に、赤道から0.5cmと1cmの位置にまち針を2本打つ。

⑤ 手順②〜③の要領で、柱2本の3か所をかがる。

⑥ 手順④〜⑤をくり返し、1周かがる。

2段めをかがる

⑦ 糸Bを用意し、手順④〜⑥の要領で2段めをかがる。糸はそれぞれ前段の糸の、糸の幅分下から出す。

3段めをかがる

⑧ 糸Cを用意し、手順④〜⑥の要領で3段めをかがる。糸はそれぞれ前段の糸の、糸の幅分下から出す。

4段めをかがる

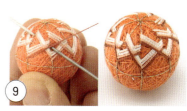

⑨ 糸Dを用意し、手順④〜⑥の要領で4段めをかがる。糸はそれぞれ前段の糸の、糸の幅分下から出す。

5段めをかがる

⑩ 糸Eを用意し、手順④〜⑥の要領で5段めをかがる。糸はそれぞれ前段の糸の、糸の幅分下から出す。

帯を巻く

⑪ まりの反対側も同様にモチーフをかがる。糸Fを1本どりで用意し、赤道上に帯を巻いたら、糸Gを用意して千鳥かがりで2周かがる（⇒p.51）。

松葉かがりをする

⑫ 1本どりの糸Hで、上下の極に片側12本の松葉かがり（⇒p.50）をする。

Point 複雑な松葉は、かがるたびに針の後ろを使って整えるときれいな仕上がりに。

Aquamarine
藍玉
らんぎょく

page 24

「珊瑚」(⇒p.70)の地割りの分割違いのデザインです。16等分なので花びらも複雑に重なっているように見えますが、かがり順は変わりません。

材料＆配色表

花	○ A	都羽根絹手ぬい糸 [1]	
	● B	都羽根絹手ぬい糸 [9]	
	● C	都羽根絹手ぬい糸 [153]	
	● D	都羽根絹手ぬい糸 [171]	
	● E	都羽根絹手ぬい糸 [154]	
帯	● F	オリヅル絹穴糸 [745]	赤道の上下に各3段
	● G	フジックスメタリックミシン糸 [902]	千鳥かがり2周

土台まり

地巻き…白
地割り…16等分
地割り糸…銀

円周8cm

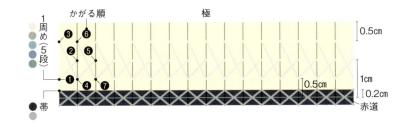

印をつける

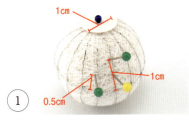

① 柱に、赤道から0.5cmの位置でまち針を2本打ち、右の柱に赤道から1cmの位置でまち針を打つ。カバーの直径1cmの円形型紙を用意し、紙の中央を極に合わせてまち針でとめる。

1～5段めをかがる

② 「珊瑚」(⇒p.70)の手順①～⑩の要領で、糸Aで1段め、糸Bで2段め、糸Cで3段め、糸Dで4段め、糸Eで5段めをかがる。

帯を巻く

③ まりの反対側も同様にモチーフをかがる。糸Fを1本どりで用意し、赤道上に帯を巻いたら、糸Gを1本どりで用意して、千鳥かがりで2周かがる(⇒p.51)。

Amber
琥珀
こはく

Page 26

柱を覆うように9本の帯を巻いて、モチーフを描きます。帯はくずれやすいので、松葉でとめるまでは注意して扱いましょう。
＊手順写真の帯は見やすいよう別の色の糸を使用。

材料＆配色表

帯	● A 都羽根絹手ぬい糸 [86]	
松葉	● B 都羽根絹手ぬい糸 [92]	片側4本
	● C 都羽根絹手ぬい糸 [176]	片側3本

土台まり

地巻き…やまぶき
地割り…8等分の組み合わせ
地割り糸…金

円周8cm

＊2～9周めは1周めと同じ配色。

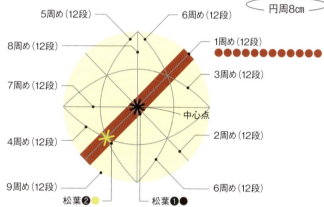

中心を決める

① 地割りでできた四角形の対角線の、交差部分を中心点とし、右上から左下へかかるななめの柱を1周めとする。

1周めを巻く

② 糸Aを1本どりで用意し、まち針をスタート位置にして、柱の左から針を出す。柱に沿って糸を1周巻く。

③ つづけて極側に向かって、6周糸を巻く。

Point 糸がよれたり、重なったり、すき間が空いたりしないよう整えながら巻く。

④ 帯に対し垂直に針を入れ、まりをすくったら、柱の反対側から針を出す。

⑤ 手順②〜③の要領で6周巻く。スタート位置に戻ったら、適当な位置で返し針をして(⇒p.48)、糸を切る。

⑥ 1周めを巻き終わったところ。

Point 1〜2周めは、地割りでできた四角形の対角線に帯を巻く。9周めまで順番通り巻き進めると美しく仕上がる。

2〜3周めを巻く

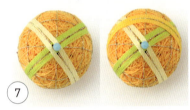

⑦ 手順②〜⑤の要領で、2〜3周めを巻く。

Point 3〜6周めは、地割りでできた四角形の上・下・左・右の辺に帯を巻く。

4〜5周めを巻く

⑧ 手順②〜⑤の要領で、4〜5周めを巻く。

6〜7周めを巻く

⑨ 手順②〜⑤の要領で、6〜7周めを巻く。

Point 7〜8周めは、地割りでできた四角形の辺の中央を通る柱に帯を巻く。

8〜9周めを巻く

⑩ 手順②〜⑤の要領で、8〜9周めを巻く。

Point 9周めは残りの柱に帯を巻く。

松葉かがりをする

⑪ 糸Bを用意し、四角形の中心点にそれぞれ片側4本の松葉かがりをする(⇒p.50)。

Point 松葉は、まりにかけた帯をまとめるようになるべく小さめにかがる。

⑫ 糸Cを用意し、三角形の中心点にそれぞれ片側3本の松葉かがりをする(⇒p.50)。

Peridot
橄欖石
かんらんせき
Page 27

まりを回転させながら、北極側と南極側を交互にかがります。下掛け千鳥かがり（⇒p.50）で段を重ねていきましょう。松葉は二重になるので、均等になるようしっかり整えて。

材料＆配色表

菱	● A	都羽根絹手ぬい糸 [80]	
	● B	都羽根絹手ぬい糸 [142]	
	● C	都羽根絹手ぬい糸 [158]	
	● D	都羽根絹手ぬい糸 [159]	
	● E	都羽根絹手ぬい糸 [156]	
	● F	フジックスメタリックミシン糸 [901]	
松葉	● G	フジックスメタリックミシン糸 [901]	大　片側4本／ 小　片側8本

土台まり

地巻き…黄緑
地割り…8等分
地割り糸…金

円周8cm

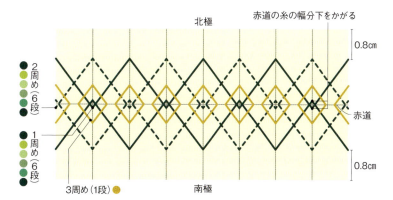

1周めの印をつける

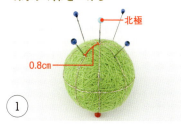

① 柱1本おきに、それぞれ北極から0.8cmの位置でまち針を4本打つ。

1周めの1段めをかがる

② 糸Aを用意し、空いた柱のうちの1つをスタート位置にして、赤道のから糸の幅分下の位置で柱の左から針を出したら、右隣の柱をまち針の位置ですくう。

③ 赤道から糸の幅分下の位置→まち針の位置と交互にかがりながら1周する。最後にかがりはじめの糸にくぐらせ（⇒p.48）、まりを90°回転させる。赤道の右から針を入れ、赤道から糸の幅分左に、柱の上に出す。

75

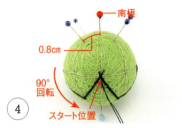

④ まりを90°回転させ、柱1本おきに、それぞれ南極から0.8cmの位置でまち針を4本打つ。

⑤ 手順③の糸を南極側の1周めのスタート位置とし、右隣の柱をまち針の位置ですくう。つづいて右隣の柱を赤道から糸の幅分下の位置ですくう。

⑥ まち針の位置→赤道から糸の幅分下の位置と交互にかがりながら1周する。最後にかがりはじめの糸にくぐらせ、柱の右から針を入れ、左隣の柱の右、赤道から糸の幅分上に出す。

2周めの1段めをかがる

⑦ まりを180°回転させ、手順②〜⑥の要領で、2周めの1段をかがる。

2〜5段めをかがる

⑧ 糸Bを用意し、手順②〜⑦の要領で、2段めをかがる。2段め以降は、極側をかがる際、下掛け千鳥かがり(⇒p.50)でかがる。

Point 赤道側は糸の幅分下をかがる。

⑨ 手順②〜⑦の要領で、糸Cで3段め、糸Dで4段め、糸Eで5段め、糸Aで6段めをかがる。

3周めをかがる

⑩ 糸Fを1本どりで用意し、赤道上にできた小さな菱形の角をスタート位置にして、菱形に沿って角の位置で4か所かがる。スタート位置に戻ったら左隣の菱形の角から針を出す。

松葉かがりをする

⑪ 手順⑩の要領で、残りの菱形7つをかがる。糸Gを2本どりで用意し、写真の位置からスタートして、上下の極に片側4本の大きな松葉かがり(⇒p.50)をする。

⑫ 糸Gを1本どりで用意し、上下の極のスペースに、片側8本の松葉かがりをする。

Emerald
翠玉 I
すいぎょく

Page30 左

大きな四角形と小さな四角形を組み合わせて織りなす幾何学モチーフ。組み合わせ地割りの柱はくずれやすいので、整えながらかがりましょう。

材料 & 配色表

四角	A 都羽根絹手ぬい糸 [22]
	B 都羽根絹手ぬい糸 [95]
	C 都羽根絹手ぬい糸 [98]
	D フジックスメタリックミシン糸 [901]

土台まり

地巻き…エメラルドグリーン
地割り…8等分の組み合わせ
地割り糸…金

円周8cm

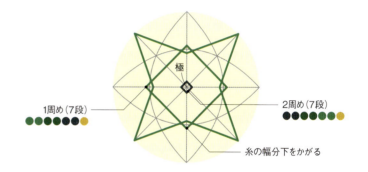

1周め(7段) 2周め(7段)

糸の幅分下をかがる

中心を決める

① 写真のような、地割りの四角形部分の中心を中心点（北極）とする。中心点に集まる柱のうち、辺の中央を通る短い柱4本を柱aとする。

1周めの1〜2段めをかがる

② 糸Aを用意し、柱aの1つをスタート位置にして、四角形の外側の糸の幅分下の位置で、柱aの左から針を出す。まりを90°回転させ、右隣の柱aの同じ位置をすくう。

③ まりを回転させながら、柱aを順に四角形の外側の糸の幅分下をすくう。

Point 次にすくう位置がつねに手前にくるよう、まりを回転させながら行うとスムーズ。

④ スタート位置まで戻ったら、最後にかがりはじめの糸にくぐらせる(⇒p.48)。

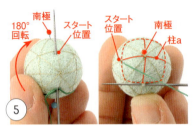

⑤ まりを180°回転させ、柱の左から針を入れ(手順④のかがり終わり)、南極を中心とした四角形の、糸の幅分下の位置で、柱aの左から針を出す。右隣の柱aの同じ位置をすくう。

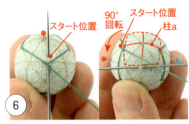

⑥ 柱aを順にかがって1周したら、柱の右から上向きに針を入れ、糸の幅分上の位置で針を出す。まりを90°回転させる。右隣の柱aの四角形の外側を糸の幅分下の位置ですくう。

1周めの3〜7段めをかがる

⑦ 手順③〜④の要領で1周かがる。南極を手前にして、柱の糸の幅分下からななめ上に針を入れ、次のスタート位置に出す。同様に残りの四角形を順にかがり、同じ糸で2段めもかがる。

⑧ 手順②〜⑦の要領で、糸Bで3〜4段め、糸Cで5〜6段めをかがる。

⑨ 糸Dを1本どりで用意し、手順②〜⑦の要領で、7段めをかがる。

2周めの1段めをかがる

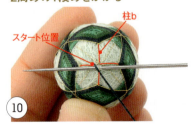

⑩ 写真のようなスペースの中心点に集まる柱のうち、短い柱4本を柱bとする。糸Cを用意し、柱bの1つをスタート位置にして、中心点の柱の左から糸を出す。右隣の柱bをすくう。

2周めの3〜7段めをかがる

⑪ まりを回転させながら、十字の柱bを順に中心点の位置ですくう。スタート位置に戻ったら、最後にかがりはじめの糸にくぐらせる。同じ糸で2段めもかがる。

⑫ 手順⑩〜⑪の要領で、糸Bで3〜4段め、糸Aで5〜6段め、糸Dで7段めをかがる。同様に残りの5か所、2周めをかがる。

Emerald
翠玉 II
すいぎょく
Page 30 右

小さな菱形8個でぐるりとまりを1周し、それを上中下の3段に重ねたデザイン。最初に、上下の極から1cmの位置に、地割り糸で補助線2本を加えます。

材料＆配色表

菱	● A	都羽根絹手ぬい糸 [106]
	● B	都羽根絹手ぬい糸 [80]
	● C	都羽根絹手ぬい糸 [156]
	● D	フジックスメタリックミシン糸 [901]

土台まり

地巻き…深緑
地割り…8等分
地割り糸…金

円周8cm

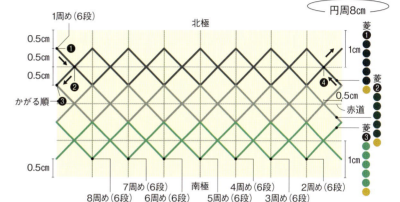

菱1の1段めをかがる

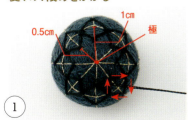

① 糸Aを用意し、極から0.5cmの位置をスタート位置にする。「柘榴石 II」（⇒p.54）手順②〜⑤の写真左の要領で、柱の中間をすくい、菱形をかがる。それを8個つなげて1周する。糸Aはつけたままにしておく。

菱2・菱3の1段めをかがる

② 糸Bを用意し、手順①の要領で、赤道をはさんで菱形を1周かがる。糸Cを用意し、同様に糸Bの下に菱形を1周かがる。糸B、Cは2段めのスタート位置に出し、それぞれつけたままにしておく。

2〜6段めをかがる

③ 手順①〜②の要領で、2〜5段めをかがる。糸Dを1本どりで用意し、すべての菱形の6段めをかがる。

Amethyst
紫水晶 I
むらさきすいしょう

Page32 左

材料 & 配色表

花	A 都羽根絹手ぬい糸［161］
	● B フジックスメタリックミシン糸［901］
	● C 都羽根絹手ぬい糸［215］
	● D 都羽根絹手ぬい糸［166］
	● E 都羽根絹手ぬい糸［217］
	○ F 都羽根絹手ぬい糸［白］

土台まり

地巻き…グレー
地割り…10等分の
　　　　組み合わせ
地割り糸…金

円周8cm

花の薔薇のモチーフだけで全面を埋めるので、地割りを寸法通り行うのが肝心です。少々難易度の高い10等分の組み合わせ地割りなので、ていねいに取り組みましょう。

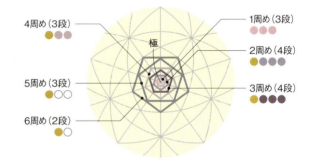

4周め（3段）
1周め（3段）
極
2周め（4段）
5周め（3段）
3周め（4段）
6周め（2段）

中心を決める

柱a
中心

① 写真のような五角形部分の中心を薔薇の中心点とする。中心点に集まる柱のうち、角を通る長い柱5本を柱aとする。

1周めの1段めをかがる

スタート位置

② 糸Aを用意し、柱aの1つをスタート位置にして、中心点の位置で、柱aの左から針を出す。まりを回転させ、右隣の柱aの同じ位置をすくう。

スタート位置

③ まりを回転させながら、柱aを順に中心点の位置ですくう。

Point 次にすくう位置がつねに手前にくるよう、まりを回転させながら行うとスムーズです。

1周めの2～3段めをかがる

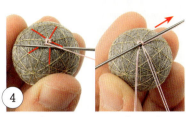

④ スタート位置まで戻ったら、最後にかがりはじめの糸にくぐらせる(⇒p.48)。

⑤ 柱の右からななめ下向きに針を入れて、糸の幅分下の左から出し、2段めのスタート位置とする。手順②～④の要領で、2段めをかがる。

⑥ 手順②～④の要領で、3段めをかがる。

2周めをかがる

⑦ 五角形部分の辺の中央を通る短い柱5本を柱bとする。糸Bを1本どりで用意し、1周めの角の上に糸を渡しながら、柱bを順に手順⑥の縁から糸の幅分外側をすくう。

⑧ 糸Cを用意し、糸Bに沿って2～4段めをかがる。

3周めをかがる

⑨ 手順⑦～⑧の要領で、柱aに糸Bで1段め、糸Dで2～4段めと、3周めをかがる。

4周めをかがる

⑩ 手順⑦～⑧の要領で、柱bに糸Bで1段め、糸Eで2～3段めと、4周めをかがる。

5～6周めをかがる

⑪ 手順⑦～⑧の要領で、柱aに糸Bで1段め、糸Fで2～3段めと、5周めをかがる。柱bに糸Bで1段め、糸Fで2段めと、6周めをかがる。

残りの薔薇をかがる

⑫ 手順①～⑪をくり返し、同様に残りの薔薇11個をかがる。

Amethyst
紫水晶 II
むらさきすいしょう

Page 32 右

桔梗の花を図案化した伝統の「晴明桔梗」のモチーフ。星形をかがる際は、つねにすくう位置が手前にくるよう、1針ごとにまりを回転させながら糸を渡すとスムーズです。

材料 & 配色表

星	● A 都羽根絹手ぬい糸 [206]	
	● B フジックスメタリックミシン糸 [902]	
	● C 都羽根絹手ぬい糸 [170]	
	● D 都羽根絹手ぬい糸 [208]	
	● E 都羽根絹手ぬい糸 [213]	
帯	● F にしきいと [2]	赤道の上に3段
	● G 都羽根絹手ぬい糸 [208]	千鳥かがり2周

土台まり

地巻き…薄紫
地割り…10等分
地割り糸…銀

円周8cm

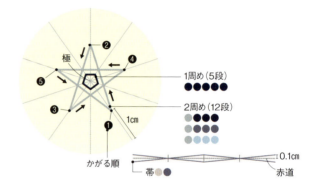

1周めと、2周めの1段めをかがる

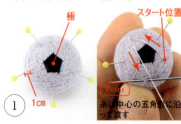

1 柱1本おきに、赤道から1cmの位置にまち針を5本打つ。糸Aを用意し、空いている柱5本を「紫水晶I」(⇒p.80)手順②〜⑥の要領で、極の位置から5段かがる。糸Bを用意し、まち針の1つから、星形を描くように対角線にある柱をまち針の位置ですくう。

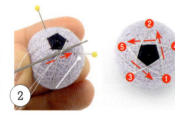

2 写真の順番で対角線に糸を渡し、星形を描く。その際、2番めに交差する糸を針の後ろからくぐらせながらかがる。

2周めの2〜12段めをかがり、帯を巻く

3 手順②の要領で、糸Cで2〜4段め、糸Bで5段め、糸Dで6〜8段め、糸Cで9段め、糸Eで10〜12段めをかがる。まりの反対側も同様にモチーフをかがったら、糸F(1本どり)と糸Gで赤道上に帯を巻く(⇒p.51)。

Topaz
黄玉
おうぎょく

Page 34

刺繍のステッチでモチーフを描くデザイン。型紙次第でてまりに自由にもようをつけることができます。ここでは、面を埋めるサテン・ステッチを使いました。

材料 & 配色表

A 写真右

丸	A 都羽根絹手ぬい糸 [218]
	B 都羽根絹手ぬい糸 [161]
	C 都羽根絹手ぬい糸 [85]

B 写真左

丸	A 都羽根絹手ぬい糸 [176]
	B 都羽根絹手ぬい糸 [171]
	C 都羽根絹手ぬい糸 [14]

土台まり

地巻き…A：黒
　　　　B：白
地割り…なし

円周8㎝

型紙をとめる

① 和紙を直径0.5㎝の円形に切って型紙をつくる。てまりにつけるモチーフの数分用意する。型紙の1枚をまち針でてまりにとめる。

モチーフをかがる

② 糸Aを用意し、紙の左右中央の縁のあたりをスタート位置にして針を出したら、紙の上にまっすぐ糸を渡して、反対側の縁から針を入れる。スタート位置のすぐ隣から針を出す。

③ 型紙を覆うように端に向かって、平行に糸を渡しながらステッチする。端まで行ったら、右半分も同様に中央→端に向かってサテン・ステッチで面を埋める。

④ 手順②～③の要領で、次のモチーフもかがる。型紙の形によっては、端をスタート位置にしてもよい。

⑤ 糸A、糸B、糸Cで同様にして、ランダムにモチーフをかがる。モチーフの数が少ないと土台まりの糸がほどけやすくなるので注意する。

Lapis lazuli
青金石
せいきんせき

Page 35

10等分の組み合わせ地割りでできた五角形のなかに星形を描き、まり全体に計12個の星をちりばめます。対角線に糸を渡していくので、1針ごとにまりを回転させながらかかるとスムーズです。

材料＆配色表

A 写真下

星	A 都羽根絹手ぬい糸 [17]
	B 都羽根絹手ぬい糸 [5]
	C 都羽根絹手ぬい糸 [16]
	D 都羽根絹手ぬい糸 [65]

B 写真中央

星	A 都羽根絹手ぬい糸 [150]
	B 都羽根絹手ぬい糸 [25]
	C 都羽根絹手ぬい糸 [218]

C 写真上

星	A 都羽根絹手ぬい糸 [107]

土台まり

地巻き…共通：金
　　　　A：青 B：紺
　　　　C：青緑
＊金と2本どり。
地割り…10等分の
　　　　組み合わせ
地割り糸…金

A

円周8cm

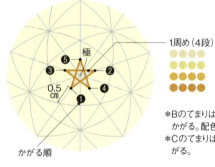

かがる順　　　1周め（4段）

＊Bのてまりはそれぞれの星を同色で4段かがる。配色はランダムに。
＊Cのてまりはすべての星を糸Aで2段かがる。

印をつけ、1周めの1段めをかがる

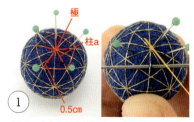

1 写真のような五角形部分の角を通る長い柱5本を柱aとする。柱aに、角から0.5cmの位置にまち針を5本打つ。糸Aを用意し、まち針の1つから、星形を描くように対角線にある柱をまち針の位置ですくう。

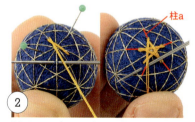

2 「紫水晶Ⅱ」（⇒p.82）手順②のように順番に（糸はくぐらせない）、対角線に糸を渡し、星形を描く。スタート位置に戻ったら、かがりはじめの糸にくぐらせ、柱の右からななめ下向きに針を入れ、糸の幅分下の柱の左から針を出す。

2～4段めをかがり、残りの星をかがる

3 手順②の要領で、2～4段めをかがる。同様にして、糸Aの星を囲むように糸Bで5個、糸Aの反対側に糸Dで1個、糸Dの星を囲むように糸Cで5個、残りの星形をかがる。最後に地割り糸を切って抜く。

Bookmaker
ゲーテの恋
page 7

てまり
円周…8cm
地巻き…生成り
地割り…10等分
地割り糸…金
モチーフ…柘榴石Ⅱ
（⇒p.54）

材料
てまり…1個
ブックマーカーパーツ…1本
ドラゴンズブレス（マーキーズ3×6mm）…1個
カンつき石座（マーキーズ4×8mm）…1個
丸カン（5mm）…1個
9ピン（40mm）…1本

菱	● 都羽根絹手ぬい糸 [214]	奇数周／3段
	● 都羽根絹手ぬい糸 [23]	偶数周／7段
	● 都羽根絹手ぬい糸 [21]	奇数周／4段
	● フジックスメタリックミシン糸 [901]	1段
松葉	● フジックスメタリックミシン糸 [901]	片側 10本

① てまりの中心に穴をあけ（⇒p.92）、9ピンを通す。9ピンに輪をつくる（⇒p.93）。

② 石座にドラゴンズブレスをはめつけ、てまりの下部の輪につないだら、図のように、ブックマーカーパーツとてまりを丸カンでつなぐ。

Pendant
人魚の涙
page 9

てまり
円周…5cm
地巻き…生成り
地割り…16等分
地割り糸…金
モチーフ…真珠Ⅱ
（⇒p.57）

材料
てまり…1個
チャーム（シェル8mm）…1個
ターコイズ（ドロップ15×10mm）…1個
バチカン（8×3mm）…1個
パールネックレス…1本
貼りつけパール（2mm）…1個

貼りつけスワロフスキーラインストーン
#2058（パシフィックオパール3mm）…1個
ベゼルワイヤー…55cm
丸カン（5mm）…1個
ワイヤー…適量

花	● 都羽根絹手ぬい糸 [5]	1段
	● 都羽根絹手ぬい糸 [84]	1段
	● 都羽根絹手ぬい糸 [171]	1段
	● ギッターマンメタリック糸 [6017]	1段

＊モチーフは赤道から0.4cmの位置でスタートし、極から0.4cmの位置をかがる。

① てまりの赤道部分にベゼルワイヤーを巻き、ワイヤーでめがねどめ（⇒p.91）する。てまりの中央にパールとラインストーンを貼る。

② 図のように、てまり、ワイヤーでめがねどめしたターコイズ、チャームを丸カンでつないだら、パールネックレスにバチカンでつける。

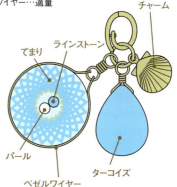

Ring
双子の星
page 10

てまり
円周…A：4.2cm B：4cm
地巻き糸…A：グレー B：紫
地割り…A：6等分
　　　　B：8等分の組み合わせ
地割り糸…A：銀 B：金
モチーフ…A：真珠I（⇒p.56）
　　　　　B：翠玉I（⇒p.77）

材料
てまり…1個
フォークリング台…1個
パール（A：8mm B：10mm）…1個
布・金属用接着剤

A 写真左

菱	● 都羽根絹手ぬい糸 [126]	6段
	● 都羽根絹手ぬい糸 [108]	6段
	● 都羽根絹手ぬい糸 [132]	6段
	● フジックスメタリックミシン糸 [902]	菱各色の最後に1段ずつ
松葉	● フジックスメタリックミシン糸 [902]	片側3本

B 写真右

四角	● 都羽根絹手ぬい糸 [78]	2段
	● 都羽根絹手ぬい糸 [71]	1段
	● ギッターマンメタリック糸 [247]	1段
四角	● 都羽根絹手ぬい糸 [211]	2段
	● ギッターマンメタリック糸 [400]	1段

① てまりとパールに布・金属用接着剤をつけ、リング台にのせて固定する。

A・B共通

フォークリング台
てまり
パール

Earring
月のしずく
page 11

てまり
円周…5cm
地巻き糸…紫
地割り…10等分
地割り糸…金
モチーフ…真珠I
　　　　　（⇒p.56）

材料
てまり…2個
淡水パール（ライス10×8mm）…2個
半貴石（ラウンド3mm）…2個
ピアスフック…1ペア
ビーズキャップ（10mm）…2個
デザインピン（30mm）…2本
9ピン（40mm）…2本

菱	● 都羽根絹手ぬい糸 [215]	3段
	● 都羽根絹手ぬい糸 [176]	3段
	● 都羽根絹手ぬい糸 [158]	3段
	● 都羽根絹手ぬい糸 [171]	3段
	● 都羽根絹手ぬい糸 [15]	3段
	● フジックスメタリックミシン糸 [901]	菱各色の最後に2段ずつ
松葉	● フジックスメタリックミシン糸 [901]	片側5本

① てまりの中心に穴をあけ（⇒p.92）、てまり、ビーズキャップ、半貴石の順に9ピンに通して、先端をめがねどめする（⇒p.91）。

② 淡水パールを通したデザインピンの先を、てまりの下部の輪に通し、めがねどめする。図のように、ピアスフックをつなぐ。

ピアスフック
半貴石
ビーズキャップ
てまり
淡水パール

Jewelry box
冬の燕
page 13

てまり

円周…12cm(半球)
地巻き糸…青
地割り…0.5cm間隔で、9本で分割
地割り糸…金
モチーフ…蒼玉Ⅱ
　　　　(⇒p.58)
＊直径4cm発泡スチロール球の中央部分を薄くカット。それを土台にして半球てまりをつくる。

材料

てまり… 1個
ピルケース… 1個
貼りつけ半円パール(2mm)…適量
貼りつけスワロフスキーラインストーン
#2058(クリスタル3mm)…3個
貼りつけスワロフスキーラインストーン
#2058(クリスタル2mm)…3個
貼りつけスワロフスキーラインストーン
#2058(レッド2mm)…3個
ベゼルワイヤー…150mm
3mm幅ベロアリボン…150mm
布・金属用接着剤

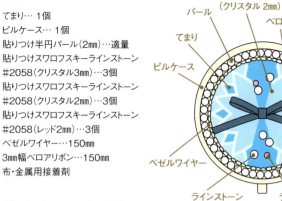

花(下)	● DMC25番刺繍糸 [310]	3段
	● DMC25番刺繍糸 [775]	2段
	○ DMC25番刺繍糸 [762]	2段
花(上)	● DMC25番刺繍糸 [823]	3段
	● DMC25番刺繍糸 [791]	2段
	● DMC25番刺繍糸 [3838]	2段

① ピルケースのふたの周囲にパールを貼りつける。半球てまりをつくり(⇒p.90)、縁にベゼルワイヤーを巻く。

② 半球てまりの裏に布・金属用接着剤をつけ、ケースのふたに固定する。

③ ベロアリボンを蝶結びし、てまりの中央に貼る。ラインストーンを好みの位置に貼る。

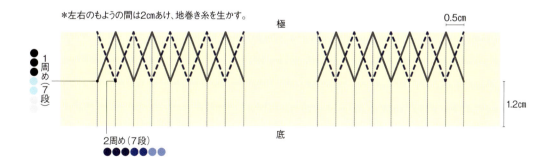

87

Brooch
魔法の絨毯
page 16

てまり
円周…6cm
地巻き糸…A：水色
　　　　　B：深緑
地割り…A：12等分
　　　　B：10等分
地割り糸…A：黄緑
　　　　　B：金
モチーフ…紅玉Ⅰ
　　　　　（⇒p.61）

材料
てまり…1個
カブトピン（35mm）…1個
ミニタッセル…1個
デザインピン（40mm）…1本
丸カン（4mm）…1個

A・B共通

A 写真上

| 花 | ● DMC25番刺繡糸 [722] | 4段 |
| ○ DMC25番刺繡糸 [BLANC] | 4段 |

B 写真下

花	● 都羽根絹手ぬい糸 [176]	2段
● 都羽根絹手ぬい糸 [22]	2段
● 都羽根絹手ぬい糸 [34]	3段
○ 都羽根絹手ぬい糸 [白]	1段

＊モチーフは、1周めを赤道から0.4cmの位置でスタート。

① てまりの中心に穴をあけ（⇒p.92）、デザインピンを通す。先端に輪をつくる（⇒p.93）。

② 図のように、てまりとミニタッセルをカブトピンに丸カンでつなぐ。

Necklace
プレイ・オブ・カラー
page 17

てまり
円周…10cm
地巻き糸…こげ茶
地割り…8等分の組み合わせ
地割り糸…青（DMC8番刺繡糸）
モチーフ…蛋白石（⇒p.65）

材料
てまり…1個
アクリルパーツ（フラワー15mm）…1個
パールビーズ（3mm）…1個
デザインピン（40mm）…1本
丸カン（4mm）…2個
3mm幅スエード革ひも…120cm

四角	● DMC25番刺繡糸 [807]	7段
三角	● DMC25番刺繡糸 [452]	7段
○ DMC25番刺繡糸 [453]	7段

① デザインピンにパールビーズ、アクリルパーツの順に通し、先端に輪をつくる（⇒p.93）。

② てまりに丸カンを縫いつけ、①を丸カンでつないだら、丸カンの輪に革ひもを通す。

Bracelet
アントワネット
page 20

てまり
円周…6cm
地巻き糸…水色
地割り…10等分の
　　　　組み合わせ
地割り糸…銀
モチーフ…金剛石Ⅱ
　　　　（⇒p.68）

材料
てまり…1個
バチカン（10×5mm）…1個
貼りつけスワロフスキーラインストーン
#2058（クリスタル2.5mm）…適量
貼りつけスワロフスキーラインストーン
#2058（ジェット2.5mm）…適量
貼りつけスワロフスキーラインストーン
#2058（クリスタルパラダイスシャイン2mm）…適量
デザインピン（40mm）…1本
15mm幅シルクリボン…100cm

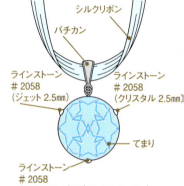

シルクリボン
バチカン
ラインストーン #2058（ジェット 2.5mm）
ラインストーン #2058（クリスタル 2.5mm）
てまり
ラインストーン #2058（クリスタルパラダイスシャイン 2mm）

花	○ 都羽根絹手ぬい糸［白］	1段
	● 都羽根絹手ぬい糸［173］	1段
	● 都羽根絹手ぬい糸［44］	1段
	● 都羽根絹手ぬい糸［150］	1段
	フジックスメタリックミシン糸［902］	1段

＊すべて1本どり。

① てまりの中心に穴をあけ（⇒p.92）、デザインピンを通す。先端に輪をつくり（⇒p.93）、バチカンをつなぐ。

② てまりの好みの位置にラインストーンを貼る。バチカンにシルクリボンを通す。

Ring
王妃の思い出
page 20

てまり
直径…1.2cm（半球）
地巻き糸…水色
地割り…8等分
地割り糸…銀
モチーフ…金剛石Ⅰ
　　　　（⇒p.67）

材料
てまり…1個
シャワーリング台（12mm）…1個
貼りつけスワロフスキーラインストーン
#2058（ジェット2.5mm）…1個
貼りつけスワロフスキーラインストーン
#2058（クリスタルパラダイスシャイン2mm）
…2個

ラインストーン#2058（ジェット 2.5mm）
ラインストーン#2058（クリスタルパラダイスシャイン 2mm）
てまり
シャワーリング台

花	○ 都羽根絹手ぬい糸［白］	2段
	● 都羽根絹手ぬい糸［173］	2段
	● 都羽根絹手ぬい糸［44］	1段
	● 都羽根絹手ぬい糸［150］	1段
	フジックスメタリックミシン糸［902］	1段

＊モチーフは赤道から0.5cmの位置でスタートする。

① 半球のてまりをつくり（⇒p.90）、シャワーリング台にとりつける。

② 好みの位置にラインストーンを貼りつける。

Obidome
乙姫のたからもの
page 23

てまり
直径…A：3cm　B：2cm（半球）
地巻き糸…A：ピンク　B：黒
地割り…A：22等分　B：10等分
地割り糸…金
モチーフ…珊瑚
　　（⇒p.70）

材料

A
てまり…1個
シャワー帯留めパーツ（30mm）…1個
貼りつけパール（6mm）…1個
貼りつけパール（4mm）…1個
貼りつけパール（2mm）…1個

B
てまり…1個
シャワー帯留めパーツ（20mm）…1個
貼りつけパール（4mm）…3個

A 写真左			
花	●	DMC25番刺繡糸[722]	1段
	●	DMC25番刺繡糸[761]	1段
	●	DMC25番刺繡糸[3716]	1段
	●	DMC25番刺繡糸[762]	1段
	●	ギッターマンメタリック糸[247]	1段
松葉	●	ギッターマンメタリック糸[247]	片側11本

B 写真右			
花	●	都羽根絹手ぬい糸[100]	5段
松葉	●	フジックスメタリックミシン糸[901]	片側5本

① 半球のてまりをつくり、シャワー帯留めパーツにとりつける。

② 好みの位置にパールを貼りつける。

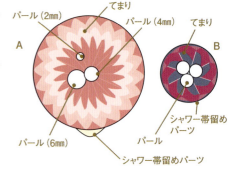

テクニック 1
半球てまりをつくる

シャワー台をわたでくるみ、半球状になるよう、台の上側にわたを集める。

半球状になるよう形を整えながら、土台まりをつくる要領で糸を巻く。

極と柱の位置を決める。半球の裏が南極、下辺が赤道となる。

Keyring
海賊のお守り
page 25

てまり
円周…10cm
地巻き糸…紺
地割り…16等分
地割り糸…銀
モチーフ…藍玉
　　（⇒p.72）

材料
てまり…1個
チャーム（ヒトデ15mm）…1個
チャーム（イカリ15×10mm）…1個
キーホルダーワイヤー…1個
丸カン（3mm）…3個
丸カン（8mm）…1個

花	○ DMC25番刺繡糸 [3753]	1段	
	○ DMC25番刺繡糸 [563]	1段	
	○ DMC25番刺繡糸 [3755]	1段	
	○ DMC25番刺繡糸 [3840]	1段	
	○ DMC25番刺繡糸 [3839]	1段	
	○ DMC25番刺繡糸 [3838]	1段	
	● フジックスメタリックミシン糸 [902]	1段	
帯	□ にしきいと [23]	赤道の上下に各3段	
	● DMC25番刺繡糸 [3838]	千鳥かがり2周	

＊モチーフのかがり位置は、右の展開図参照。

① てまりに丸カン（3mm）を縫いつけ、チャーム2個に丸カン（3mm）をつける。丸カン（8mm）で、てまり、チャームとキーホルダーワイヤーをつなぐ。

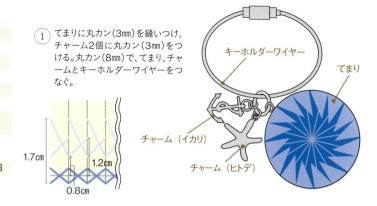

Hairpin

名残の花

page 28

てまり

円周…6cm
地巻き糸…フューシャピンク
地割り…8等分の組み合わせ
地割り糸…金
モチーフ…琥珀
（⇒ p.73）

材料

てまり…1個
マルチカラーサファイア
（ボタンカット2×4mm）…1個
モチーフつきヘアピン…1本
丸カン（3mm）…2個
ワイヤー…適量

帯	○ 都羽根絹手ぬい糸 [白]	9段	
松葉	● 都羽根絹手ぬい糸 [155]	片側4本	
	● 都羽根絹手ぬい糸 [142]	片側3本	

① てまりに丸カンを縫いつける。マルチカラーサファイアにワイヤーを通し、両側をめがねどめする（下写真）。図のように丸カンでパーツ同士をつなぐ。

テクニック 2
めがねどめをする

ペンチでワイヤーの先端をはさんで輪をつくり、もう一方の手で持ったペンチで輪の根元にワイヤーを巻きつける。

ニッパーの刃先で、ワイヤーの先を輪の根元でカット。パーツを通す。

パーツの際で同様に輪をつくって、めがねどめする。

9ピンやデザインピンを使う場合は、パーツを通してから片側のみ輪をつくる。

Ornamental hairpin
太陽と月
page 29

てまり

直径…A：6cm　B：8cm
地巻き糸…A：紫　B：ベージュ
地割り…A：6等分　B：8等分
地割り糸…金
モチーフ…橄欖石（⇒p.75）

材料

A
かんざしパーツ…1本
スワロフスキークリスタル#5000
（クリスタル12×10mm）…1個
デザインピン（30mm）…1本
9ピン（40mm）…1本
丸カン（3mm）…1個

B
かんざしパーツ（二本足）…1本
赤サンゴ（ラウンド7mm）…1個
マルチカラーサファイア
（ボタンカット2×4mm）…1個
ローズクオーツ（ボタンカット3×7mm）
…1個
チェーン（5mm）…2cm
デザインピン（30mm）…1本
極細デザインピン（60mm）…1/2本

共通
てまり…1個
布・金属用接着剤

A 写真左

菱	● 都羽根絹手ぬい糸 [15]	1段
	● 都羽根絹手ぬい糸 [155]	1段
	● 都羽根絹手ぬい糸 [18]	1段
	● 都羽根絹手ぬい糸 [34]	1段
	● 都羽根絹手ぬい糸 [144]	1段
	● ギッターマンメタリック糸 [36]	1段
松葉	● ギッターマンメタリック糸 [36]	大　片側3本 小　片側6本

＊モチーフは極から0.6cmの位置をかがる。

B 写真右

菱	● 都羽根絹手ぬい糸 [38]	1段
	● 都羽根絹手ぬい糸 [34]	1段
	● 都羽根絹手ぬい糸 [173]	1段
	● 都羽根絹手ぬい糸 [154]	1段
	● 都羽根絹手ぬい糸 [23]	1段
	● 都羽根絹手ぬい糸 [38]	1段
	● フジックスメタリックミシン糸 [901]	1段
松葉	● フジックスメタリックミシン糸 [901]	大　片側4本 小　片側8本

A

① てまりの中心に穴をあけ（下写真）、9ピンを通したら、布・金属用接着剤を穴につけて乾かす。ピンの先端はめがねどめする（⇒p.91）。

② スワロフスキークリスタルにデザインピンを通し、輪をつくったら（⇒p.93）、てまりの下部につなぐ。てまりとかんざしパーツを丸カンでつなぐ。

B

① てまりの中心に穴をあけ（下写真）、ローズクオーツ、てまりの順にかんざしパーツを通す。穴部分に布・金属用接着剤をつけて乾かす。

② 赤サンゴにデザインピンを、マルチカラーサファイアに極細デザインピンを通し、チェーンにめがねどめする。かんざしパーツの上端に輪をつくり（⇒p.93）、チェーンを通す。

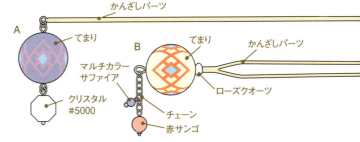

テクニック 3
てまりにパーツを通す

てまりに穴をあけ、通したピンに輪をつくる、基本の加工テクニックです。

てまりの中心に針を刺し、ゆっくり押し出すように力を加えて、針を貫通させる。

通した針で帯やかがり糸を傷つけないよう、もう1本の針を使って糸をよける。

パーツ（ここでは9ピン）を穴に差し入れ、てまりの形を整える。

Suncatcher
光の都
page 31

てまり

円周…A：10cm B：9cm C：8cm
地巻き糸…A：黄緑 B：オレンジ C：水色
地割り…8等分
地割り糸…金
モチーフ…翠玉Ⅱ（⇒p.79）

A 写真左

菱	● DMC25番刺繍糸 [208]	6段
	● DMC25番刺繍糸 [970]	6段
	● DMC25番刺繍糸 [3840]	6段
	ギッターマンメタリック糸 [6001]	6段×3

B 写真中央

菱	● DMC25番刺繍糸 [703]	6段
	● DMC25番刺繍糸 [726]	6段
	● DMC25番刺繍糸 [666]	6段
	フジックスメタリックミシン糸 [901]	6段×3

C 写真右

菱	● DMC25番刺繍糸 [3716]	6段
	● DMC25番刺繍糸 [563]	6段
	● DMC25番刺繍糸 [722]	6段
	ギッターマンメタリック糸 [624]	6段×3

材料

A
スワロフスキークリスタル #6404（クリスタル15mm）…3個
スワロフスキークリスタル #6106（クリスタル38×22mm）…1個
丸カン（3mm）…6個
つぶし玉（金）…4個
シルクビーズコード（白0.75mm）…適量

B
スワロフスキークリスタル #5000（オリーブ8mm）…2個
スワロフスキークリスタル #5000（タンジェリン8mm）…2個
スワロフスキークリスタル #5000（Lt.トパーズ10mm）…1個
つぶし玉（金）…7個
シルクビーズコード（黄色0.75mm）…適量

C
土台まり（ミント 円周6.5cm）…1個
スワロフスキークリスタル #8558（アンティークグリーン30mm）…1個
つぶし玉（金）…3個
シルクビーズコード（水色0.75mm）…適量

共通
てまり…1個

① AとCはてまりの中心に穴をあける（⇒p.92）。Bのてまりは極の地割り糸にシルクビーズコードをつなぐ。図のようにすべてのパーツにシルクビーズコードを通し、平ペンチを使って、好みの位置でつぶし玉をつぶす。ただし、Aのスワロフスキークリスタル#6404は3個を丸カンでつないでおく。

ピンを指で押さえ、てまりの際の位置で90°曲げる。

てまりの際から7mmの位置で、ニッパーを使ってピンをカットする。

ペンチでピン先をはさみ、手首を返してペンチを回転させる。数度くり返してピンを丸める。

Button cover
小さな庭
page 33

てまり

直径…A：1.8cm
　　　B・C：1.2cm（半球）
地巻き糸…A：赤　B：水色
　　　　　C：モスグリーン
地割り…10等分
地割り糸…A：黄緑　B：黄色
　　　　　C：黄緑
モチーフ…紫水晶Ⅰ（⇒p.80）

材料

A
てまり…1個
ボタンカバー（20mm）…1個
シャワー台金具（18mm）…1個
貼りつけパール（3mm）…1個
貼りつけスワロフスキーラインストーン#2058（クリスタル2mm）…1個

B・C
てまり…1個
ボタンカバー（17mm）…1個
シャワー台金具（12mm）…1個
B：貼りつけスワロフスキーラインストーン#2058
（アクアマリン2mm）…2個
C：貼りつけパール（3mm）…1個

共通
布・金属用接着剤

A 写真上

花	● DMC25番刺繡糸 [726]	2段
	● DMC25番刺繡糸 [452]	1段
	○ DMC25番刺繡糸 [BLANC]	2段
	● DMC25番刺繡糸 [452]	1段
	● DMC25番刺繡糸 [453]	2段
	● DMC25番刺繡糸 [452]	1段
	● DMC25番刺繡糸 [3689]	3段
	● DMC25番刺繡糸 [452]	1段
	● DMC25番刺繡糸 [3712]	3段
	● DMC25番刺繡糸 [563]	1段

B 写真中央

花	● DMC25番刺繡糸 [725]	2段
	● Olympus25番刺繡糸 [564]	1段
	○ DMC25番刺繡糸 [BLANC]	3段
	● Olympus25番刺繡糸 [564]	1段
	○ DMC25番刺繡糸 [BLANC]	3段
	● Olympus25番刺繡糸 [564]	1段
	● DMC25番刺繡糸 [726]	1段

C 写真下

花	● DMC25番刺繡糸 [725]	2段
	● DMC25番刺繡糸 [3716]	1段
	● DMC25番刺繡糸 [321]	3段
	● DMC25番刺繡糸 [3716]	1段
	● DMC25番刺繡糸 [321]	3段
	● DMC25番刺繡糸 [3716]	1段
	● DMC25番刺繡糸 [905]	1段

① 半球のてまりをつくり（⇒p.90）、ボタンカバーに布・金属用接着剤で貼りつける。

② 好みの位置にパール、またはラインストーンを貼る。

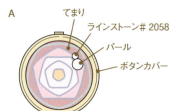

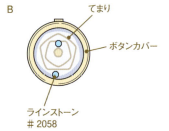

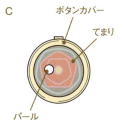

Brooch
虹の万華鏡
page 36

てまり
直径…2.5cm（半球）
地巻き糸…水色
地割り…なし
モチーフ…黄玉
　　　　（⇒p.83）

材料
てまり…1個
シャワーブローチ台（25mm）…1個
貼りつけスワロフスキーラインストーン
#2058（ライトグレーオパール3mm）…3個
貼りつけスワロフスキーラインストーン
#2058（パシフィックオパール3mm）…2個

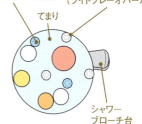

丸	● DMC25番刺繍糸 [321]
	○ DMC25番刺繍糸 [BLANC]
	● DMC25番刺繍糸 [725]
	● DMC25番刺繍糸 [970]

① 半球のてまりをつくり（⇒p.90）、シャワーブローチ台にとりつける。好みの位置にラインストーンを貼る。

Hatpin
魔女のラブレター
page 37

てまり
円周…6cm
地巻き糸…薄紫
地割り…10等分の
　　　　組み合わせ
地割り糸…銀
モチーフ…青金石
　　　　（⇒p.84）

材料
てまり…1個
ハットピン（つぶし玉つき）…1本
半貴石（ラウンド4mm）1個
ビーズキャップ（11mm）1個

星	● 都羽根絹手ぬい糸 [148]	3段×3個
	● 都羽根絹手ぬい糸 [82]	3段×2個
	● 都羽根絹手ぬい糸 [14]	3段×2個
	● 都羽根絹手ぬい糸 [107]	3段×2個
	● 都羽根絹手ぬい糸 [65]	3段×2個

＊ビーズキャップの下の位置にはモチーフをかがらない。

① てまりの中心に穴をあけたら（⇒p.92）、半貴石、ビーズキャップ、てまり、つぶし玉の順にハットピンに通し、つぶし玉をペンチでつぶす。

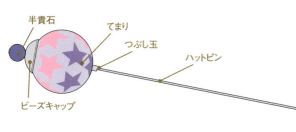

Ornament
手のひらのプラネタリウム
page 38

抜き取りやすい毛糸を詰めものにし、まわりに薄くわたを巻き土台まりを制作。モチーフ（「青金石（⇒p.84）」）をかがったら、もようが崩れないように気をつけて詰めものを抜き、びんに入れましょう。そして、再度ていねいに詰めものを戻します。

びんの口に入るくらい抜く。

本書はUVレジン用ガラスドームを利用。

著者紹介

寺島綾子

幼いころからお裁縫が大好きで、ぬいぐるみや刺繍を施した布小物など、さまざまなものを手づくりしているなか、加賀てまり、加賀ゆびぬきに出会う。小手毬の会・小出孝子先生、加賀ゆびぬきの会・大西由紀子先生に師事。各地でてまりやゆびぬきのレッスンを行う傍ら、イベント等で作品の制作、販売も行っている。著書に『小さなてまりとかわいい雑貨』。

http://inuinunuinui.cocolog-nifty.com/ayakumapu/

スタッフ

撮影	masaco
	天野憲仁（株式会社日本文芸社）
スタイリング	鈴木亜希子
デザイン	小笠原菜子、酒井絢果（monostore）
イラスト	WADE 手芸部
DTP	有限会社新榮企画
編集	株式会社スリーシーズン（土屋まり子）

宝石みたいなてまりとくらしの小物
2016年7月10日　第1刷発行

著　者	寺島綾子
発行者	中村　誠
印刷所	図書印刷株式会社
製本所	図書印刷株式会社
発行所	株式会社日本文芸社

〒101-8407　東京都千代田区神田神保町1-7
TEL　　03-3294-8931（営業）　03-3294-8920（編集）
Printed in Japan　112160701-112160701 Ⓝ 01
ISBN978-4-537-21402-4
http://www.nihonbungeisha.co.jp/

Ⓒ Ayako Terajima 2016

乱丁・落丁本などの不良品がありましたら、小社製作部宛にお送りください。送料小社負担にておとりかえいたします。法律で認められた場合を除いて、本書からの複写・転載（電子化を含む）は禁じられています。本書の一部または全部をホームページに掲載したり、本書に掲載された作品を複製して店頭やネットショップなどで無断で販売することは、著作権法で禁じられています。また、代行業者等の第三者による電子データ化及び電子書籍化は、いかなる場合も認められていません。

（編集担当：角田）